TOURISM PLANNING & DESIGN NO.25

旅游规划与设计 25

旅游规划 + 景观建筑 + 景区管理

北京大学城市与环境学院旅游研究与规划中心 主编

中国建筑工业出版社 出版

乡村健康旅游与乡居生活方式

Rural Wellness Tourism and Rural Residence Lifestyle

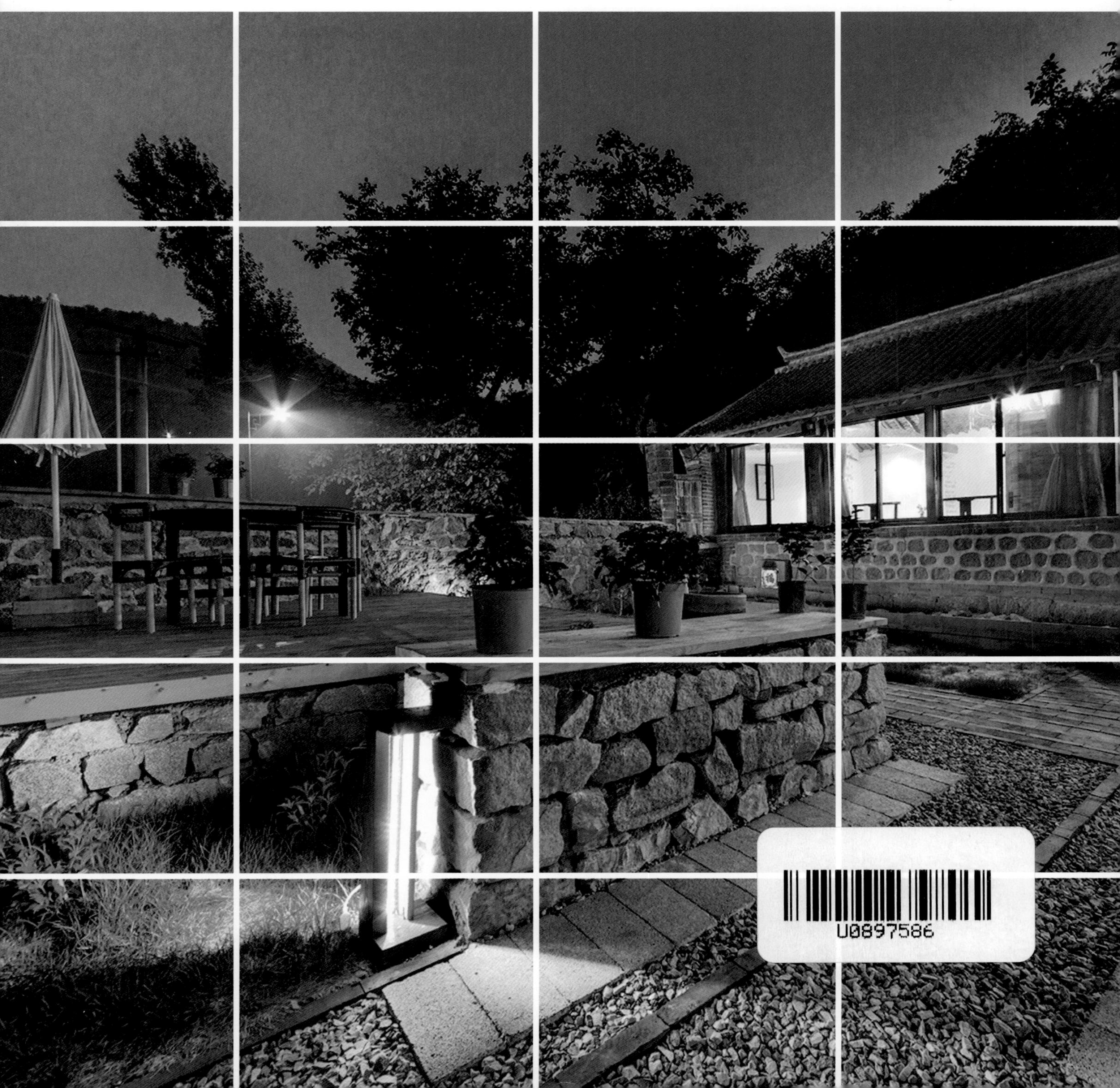

图书在版编目（CIP）数据

旅游规划与设计：乡村健康旅游与乡居生活方式／北京大学城市与环境学院旅游研究与规划中心主编. --北京：中国建筑工业出版社，2017.12
ISBN 978-7-112-21728-1

Ⅰ.①旅… Ⅱ.①北… Ⅲ.①乡村旅游—旅游业发展—研究—中国 Ⅳ.①F592.3

中国版本图书馆CIP数据核字(2017)第331898号

主编单位：
北京大学城市与环境学院旅游研究与规划中心　大地风景文旅集团

出版单位：
中国建筑工业出版社

名誉主编：　刘德谦

主编：　吴必虎
本期特约主编：李　霞　赵立冬
副主编：　李咪咪　戴林琳　汪　芳　马晓龙　王　珏
编辑部主任：林丽琴
编辑部副主任：姜丽黎
编辑：　崔　锐　徐文晴
装帧设计：　史慧莹　张文茜　刘洺铄
责任编辑：　郑淮兵　王晓迪
责任校对：　张　颖

封面图片提供：书生侍农®
封面图片说明：乡间茶叙
扉页图片提供：北京大地乡居旅游发展有限公司
扉页图片说明：北京密云张泉大地乡居
封二底图提供：汪礼成
封二底图说明：浙江省开化县长虹乡村风光
封三底图提供：汪礼成
封三底图说明：浙江省开化县长虹乡村风光

旅游规划与设计——乡村健康旅游与乡居生活方式
北京大学城市与环境学院旅游研究与规划中心 主编

中国建筑工业出版社 出版、发行（北京海淀三里河路9号）
各地新华书店、建筑书店经销
北京富诚彩色印刷有限公司印刷

开本：880×1230毫米 1/16　印张：9¼　字数：266千字
2017年9月第一版　2017年9月第一次印刷
定价：48.00元

ISBN 978-7-112-21728-1
（31527）

卷首语

在快速城镇化的当下，一方面是大量的人口、资金、资源和机会源源不断地向城市聚集，推动城市越来越拥挤忙碌；一方面是乡村正在渐渐失去它原本的模样，有些日益空心直至衰落，有些盲目建设却无关风格。城与乡，在各自的轨道上遇到了各自的问题。然而，中国人的田园情结和故土乡愁是一股不可消解的力量，时时提醒着人们，乡村本应是美好的地方，本应是我们的梦想之地。

近年来，艺术家回归乡村，设计师回归乡村，乡村创客回归乡村……乡建已经成为一时风潮，这种风潮为原本以政府为主导力量推进的美丽乡村建设提供了更多的视角和方法，也创造了许多可圈可点的案例。在旅游产业的语境下对此进行观察会发现，虽然作为传统的生产生活空间，大部分乡村的吸引力在不可阻挡地下降，但作为城市的异质化空间，乡村却有可能因为其固有的文化生态价值和乡建所带来的品质更新，成为城市新中产的重要休闲度假空间。

在此背景下，我们向国内外众多城乡研究学者、乡建实践者、乡村民宿主人、乡村公益推动者、乡村互联网从业者等不同身份的先行者发出邀约，共同探讨乡村的建设、旅游、闲居和产业发展，辑成这一期《旅游规划与设计》的主题：乡村健康旅游和乡居生活方式。虽然各篇文章作者对乡村旅游和旅游乡建的认知角度不尽相同，但能清晰地看到，每一位都对乡村抱持着同样的珍视和尊重，并在积极地为乡村价值的外向传递寻求通道。

发现、守护并重塑乡村的多元化价值，是促进乡村振兴和营造新乡土生活方式的前提。在"乡村健康旅游产品"板块，围绕如何在乡村形成更健康的生活态，国内外旅游学者们讨论了乡村与康养的密切关系。在"养生农业与健康旅游"板块，养生农业、中医药健康旅游和芳香疗愈在旅游中的应用，为我们探究乡村产业潜力提供了一条新路径。在"乡村建筑更新与乡居方式营造"板块，三位在乡村建设前沿的青年实践者，详细地讲述了他们在贵州省桐梓县、河北省易县和湖北省利川市的乡土建设经验，以及究竟何为他们理想中的乡居方式。在"信息技术支持下的乡村重构"板块，可以观察到在互联网介入之下，乡村服务体系、乡村旅游体系乃至立足乡村复兴的规划设计教学实践都分别探索出了一些新模式。在"多利益主体参与的乡村再造"板块，作者们讨论了基于乡愁、乡创和乡建的乡村旅游发展、NGO策动的古村保护活化、跨领域共创的乡村实践，以及新乡村度假产品的运行，乡村中的人与人是作者们关照的重点。

作为特约主编主持这一期《旅游规划与设计——乡村健康旅游与乡居生活方式》，我在约稿和辑稿过程中从各位作者那里获得了很多启发和收益，诚挚感谢他们的分享。感谢名誉主编刘德谦教授和主编吴必虎教授的信任和帮助。感谢编辑部同仁们的辛勤付出。在让乡村变得更美好的路上，我们继续携手同行！

本期特约主编

大地风景文旅集团副总经理
大地乡居旅游发展有限公司总经理
2017年8月17日，北京

TOURISM PLANNING & DESIGN NO.25
旅游规划与设计 25
旅游规划 + 景观建筑 + 景区管理
北京大学城市与环境学院旅游研究与规划中心 主编
中国建筑工业出版社 出版

目 录

北京大学城市与环境学院旅游研究与规划中心 主编
中国建筑工业出版社 出版

乡村健康旅游与乡居生活方式

CONTENTS

TOURISM PLANNING & DESIGN NO.25
旅游规划与设计 25
旅游规划 + 景观建筑 + 景区管理
北京大学城市与环境学院旅游研究与规划中心 主编
中国建筑工业出版社 出版

Rural Wellness Tourism and Rural Residence Lifestyle

北京大学城市与环境学院
旅游研究与规划中心 主编
中国建筑工业出版社 出版

武汉黄陂木兰之秋

乡村健康旅游产品

Rural Wellness Tourism Product

盛永利/摄

从乡村健康旅游谈温泉康体养生产品

Hot Spring Spa Fitness Products as of Rural Wellness Tourism

文 / 德村志成

【摘 要】

在经济高度发展之后，以乡村为背景的旅游产品，始终是受到市场青睐的旅游产品之一，特别是温泉康体养生产品更是大受欢迎。然而大家对乡村的定义与温泉康体养生概念的认知却极为有限，对温泉资源的常识更是缺乏。因此，众多的温泉产品，最终大都停留在娱乐型或者大众型的产品上，而不是真正意义上的康体养生，如此的发展模式事实上对温泉资源的有效利用是极大的损害。本文想借着几个问题点来提醒从事乡村温泉康体养生产业发展的有心人士，共同建设美好乡村和有效利用温泉资源。

【关键词】

乡村；健康；温泉；温泉康体养生；温泉产品；温泉产业

【作者简介】

德村志成　杭州师范大学教授、博士，世界旅游城市联合会专家委员会委员，日本国际观光学会正会员，日本温泉协会正会员

图1 台湾乡村美景 **徐晓东/摄**

1 引言

随着中国经济的快速发展，旅游产品的多样性随之而生，需求也大大增加，其中乡村旅游和温泉康体养生产品更是大受欢迎。这种现象并非中国独有，几乎所有旅游发展，在经济高度发展之后，必然形成同样的发展趋势和模式。近年在中国，“乡村旅游产品”和“温泉康体养生产品”正处于快速增长的高峰期，然而乡村旅游、温泉康体养生的概念和主要意义，并没有随着经济的发展得到正确的认识。我们只能见到众多的旅游者往乡村去，表面上确实让乡村显得很热闹，也带动了整个乡村的发展。然而，当我们回过头来看时才知道，事实上我们竟然因为发展而丢失了非常多的东西，包括乡村文化变质、自然环境变样，这时我们才开始怀疑这样的发展是否正确、这样的趋势对我们是否有利。

我们怀疑的理由是，乡村的发展固然是需要的，但破坏性的发展是否需要？乡村突然迎来众多的旅游者，那游客们的真正目的是什么？旅游的意义是什么？却不得而知。远道而来却仅仅是吃吃农家菜、打打麻将就离开，或者就是走马观花似地游览乡村，而把走访乡村的主要目的和意义放在脑后的行为，这到底是否是我们发展乡村健康旅游所需要的结果呢？事实上这样的旅游模式是有违原意的。既然选择走访乡村，当然不能忘记走访的目的和意义了。乡村作为一个可以让人心旷神怡的地方（图1），它的文化底蕴与自然环境是我们人类的健康泉源，乡村的温泉资源更是可以让人康体养生的地方。我们哪能让旅游者仅仅是走马观花似的游览乡村美景，哪能让旅游者随意把温泉当作戏水的概念去玩呢？这些都是我们今后必须重视的问题。

旅游者的错误思想和行为，有可能破坏乡村原有的淳朴与宁静，也可能或多或少地影响到乡村的自然生态。因此谈乡村健康旅游与温泉康体养生，就必须从认识乡村的定义和核心开始。笔者认为只有认识乡村的本质和温泉的价值，才是发展整个乡村健康旅游和温泉康体养生的基本。这个认识对于发展乡村健康旅游与温泉康体养生而言至关重要。我们忽略不得，如此展开，我们的乡村和温泉资源才能得到有效利用与保护。

再者，乡村作为一个旅游资源相对丰富的地方，广受市场欢迎是非常自然的现象。因此，笔者认为当我们在论乡村健康旅游、谈温泉康体养生产品的问题时，首先应该掌握好两者之间的关系，并在这个基础上理顺两者的良性发展模式，如此乡村的发展才能在正确的思想引导下，朝向正确的方向前行。这些思想包含着发展乡村健康旅游和温泉产业，以及相关产业的基本原则和理念，唯有这些原则和理念的重要性被完全意识到时才是一个好的开始，否则很可能因为我们的错误思想而导致整个发展失败，或造成致命的打击和破坏。

2 乡村健康旅游与温泉资源的关系

乡村为何关系着健康旅游，而温泉又为何是康体养生与休闲的最佳产品之一，是我们必须认识的第一步。乡村作为一个人人向往的地方必然有其理由，这个理由就是乡村淳朴、宁静与优质的自然环境，和乡民所形成的特殊文化色彩，这些足以丰富人类精神食粮的资源，事实上就是一种健康的泉源。既然是健康的泉源，那么必然就会引人前去，特别是在人们已经开始意识到健康的重要性时，前去乡村更是追求健康的首选之地。而温泉资源自古以来就是康体养生的一个重要资源，这当然也有其重要的原因，那就是它早就被证实对人体健康有着极大的作用，因此广受市场的欢迎与喜爱。

关键是两者到底有何关系，两者要如何建立良性互动关系。首先两者对于需要有个良好环境来进行乡村健康旅游或者康体养生的旅游者而言，都有着同样的内涵，那就是都能让旅游者在以健康为前提之下，展开他们所喜爱的活动，也就是健康是乡村与温泉能够给予旅游者最好的礼物。这里说明了乡村资源与温泉资源在一定程度上，给以健康为题材的旅游产品提供了一个非常好的基础，两者完全可以分别为旅游者打造出不同的旅游产品，但两者之间的相关性强、有效性高，如果互相配合、相互融合得好的话，完全可以满足旅游者对健康的需求。两者虽然都是自然资源，但却是一个地上一个地下，通过对产品进行巧妙的设计，让两者产生极大的良性作用，这个作用最后就成为旅游者追求健康不可或缺的重要资源与产品了。

图2 衢州小湖南乡村景观 **肖剑/摄**

事实上，从作为乡村的重要自然资源而言，温泉资源始终是乡村资源的重要组成分子之一，这在世界各地都是如此，当然中国也是如此。因此，乡村旅游的发展也无法忽视温泉资源的存在。一般而言，阳光、空气、水是象征健康的基本要素，但乡村则往往增加了一个，那就是绿色生态资源[1]（图2）。有温泉资源的乡村，那更是发展乡村温泉旅游的最佳资源了。因为地下温泉是既温心又温身的健康资源，千百年来就对人类的健康起到非常关键性的作用，它的存在确实给我们提供了一个非常好的产品打造题材。

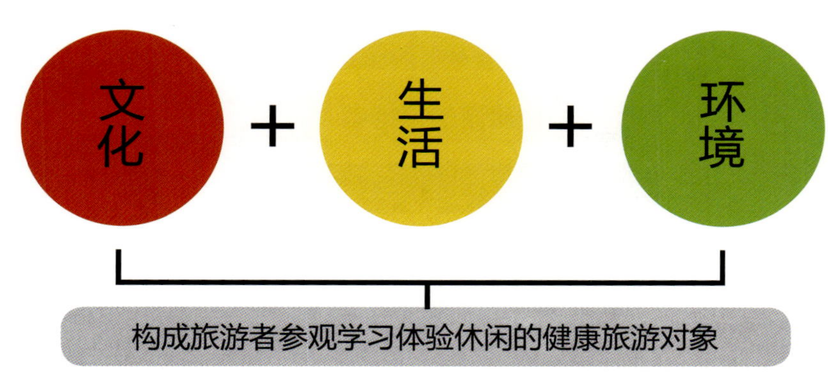

图3 乡村休闲健康旅游的三大主轴

然而，我们也不得不承认，目前市场对乡村旅游的发展，从基本认识上就有极大偏失。高举着建设乡村的旗子，却用城市的概念去打造旅游产品的企业或个人比比皆是，他们不但是乡村环境的破坏者，更是整个乡村结构的毁灭者。他们只知道乡村有戏可唱、有活可干，却不知该如何展开。因此，毁灭性的、破坏性的开发建设随处可见，他们的出发点就是大力开发而非保护性开发。究其原因，就是对乡村旅游定义不清，对温泉的本质不解和追求短期利益以及急躁心态。

因此，本末倒置、喧宾夺主的乡村旅游发展在全国各地展开，如此的结果让旅游者无法感受到乡村的淳朴，见不到乡村的真实一幕，更感受不到乡村的温馨。他们根本不知道，乡村的定义和核心所衍生出来足以成就旅游者体验的是什么。2004年在贵州举行的乡村旅游国际论坛上，与会的专家们最终形成了一个比较统一的意见，他们认为中国的乡村旅游至少应包含以下三点：对旅游者而言到乡村的主要目的，就是参观、学习、体验和感受乡村的文化、生活与环境[2]（图3）。这三点应该是乡村健康旅游最大的亮点。但事实上处处呈现的都是吃喝玩乐型的乡村旅游产品，以及大众化、娱乐化温泉，他们把可贵的温泉资源当作戏水的概念去发展。重要资源遭到如此破坏性的开发，事实上是糟蹋了可贵的温泉资源。所以，今后在开发乡村健康旅游与温泉产品时，都必须持一个共同的目的，那就是希望留下美丽乡村的原景与原貌，同时共创共享乡村资源的美好与温泉资源的可贵，否则宁可暂时不开发，守住乡村的原真性。

3 乡村旅游资源与温泉产品

乡村旅游资源的丰富性在时代需要求下，逐渐形成了一种广受喜爱的旅游产品，乡村旅游资源也为温泉旅游产品提供了非常重要的支撑要素和题材。同时，由于国民素养与生活质量的不断提升，以及随着“绿色环保”新观念的普及，人类渴望返璞归真、回归大自然的心态更是锐不可当，这样的想法已经成为一种时尚，因而加速了旅游者向往乡村体验生活的情景，乡村由于有着大都市所没有的淳朴和宁静，自然成为焦点进而被开发成乡村旅游产品了[3]。而有温泉资源的乡村更进而形成温泉旅游产品或将温泉养生产品推向市场，并逐渐成为受到欢迎的产品。两者之间的关系就如同一体两面，一样重要，互补性强、共通性大、缺一不可。

过去单纯向往乡村而奔赴乡村旅游的旅游者，今天随着生活水平的提高，对健康的认识逐渐增强，消费需求也不断变化，对康体养生的重视也逐渐提高。在乡村健康旅游已经成为一种时尚的同时，乡村温泉旅游产品和养生产品更是逐渐受到重视。如此一来，前往乡村感受乡村的美好外，再去温泉旅游目的地进行康体养生，必然会成为一种风气。这个时候该如何在既有的乡村资源基础上，充分发挥它的作用为温泉养生产品做好服务，是每一个有意进行乡村发展的主事者应该好好思考的课题。

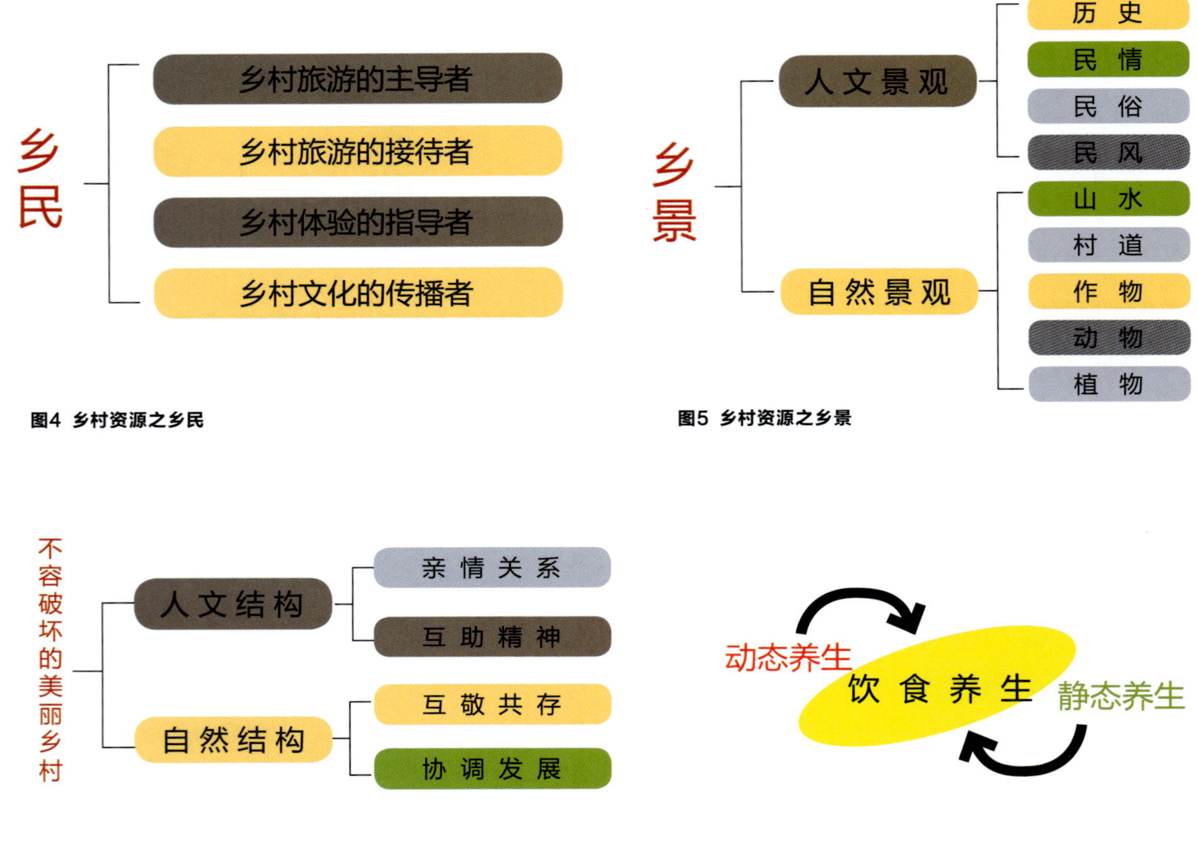

图4 乡村资源之乡民

图5 乡村资源之乡景

图6 美丽乡村结构

图7 温泉康体养生的形式

当乡村旅游资源作为温泉养生产品的重要支撑时，作为支撑基础的乡村人文结构和乡村资源，就应该受到重视和保护，否则无法为温泉康体养生产品提供有效的支撑。所谓的乡村人文结构，就是乡村在形成的过程中，由乡民在不断与大自然共生共存中建立的相处法则，也包含为了邻里之间的和平共处而形成的乡民之间的和谐之道。这些法则和相处之道，是足以让养生者感受与学习体验之素材。乡村资源指的是文化与自然资源，乡民与乡景等都是属于乡村资源的一部分[4]（图4、图5），也是其中重要的一环。乡民是真正主角，而乡景则是资源的主角。这两者都是我们必须要严格把控而不能破坏的[5]（图6）。我们一定要让乡村保持宁静、洁净、有意境的状态，否则失去原真性的乡村，就很难有一个足以让人康体养生的环境了。反之那些维护良好的自然环境，对消费者的康体养生将会起到极大的促进作用。

温泉康体养生产品，在很大程度上需要乡村的资源来支撑，这是因为康体养生无法单靠温泉资源一项来支撑。再者，特别是所谓的康体养生，本身就存在着静态与动态养生以及饮食养生等形式[6]（图7），而这些都与乡村的资源有密切的关系。因此，如果选择在乡村进行康体养生，是不能缺乏这些乡村资源的。

从上述的论述中，我们知道不管从发展乡村旅游，还是发展温泉康体养生和休闲旅游的角度来看，两者的关系密切，缺一不可，原因就在于前面提到的两者之间的互补性强，融合性高，还有可塑性大、可操作性足、可运用率够，因此守住乡村资源的原真与原貌，保护可贵的乡村资源是发展乡村旅游与温泉康体养生的基本认识与原则。

4 如何展开温泉产品的打造

在优质乡村资源的支撑下，如何展开乡村健康旅游与温泉康体养生产品的创建，对乡村发展是至关

造不同而产生不同的微量元素，这些微量元素对身体的不同部位或疾病的治疗效果是有差异的。我们可以根据自己的身体状况，去寻找合适的泉质进行治疗。泉温则决定了人体可以承受的温度，它的特点在于泉温有其可控性，当温度过低时可以通过锅炉加温或其他手段来解决，过高时则可以将源泉冷却后使用。而泉量则是决定温泉产业发展规模的最主要的基础条件，当泉量少时，温泉产业规模必然要小。

从上述的分析中，我们可以理解温泉产品与产业发展的基本条件，在一定程度上三者无法分割处理，必须一起考虑。我们不能只谈泉质而不谈泉温，反之亦然，因为两者都决定了对人体的作用，否则就无法有任何养生和休闲的效果了。同样，我们也无法忽视泉量的重要性，因为整个温泉产业的规模完全取决于泉量的多寡。超出温泉产量的开发必然会造成温泉资源的枯竭或质变温变，而影响整个产业的发展，为了温泉产业的稳定发展。对温泉资源的开发，我们必须制定定量抽取的发展规范，并确定开发理念[9]（图9)，如此才能保证温泉产品与温泉产业的正常发展。

当一个乡村有温泉资源时，乡村健康旅游与温泉康体养生的发展，除了必须保持乡村的原真性外，首先就是要确保温泉资源被有效开发与利用。特别是一个乡村在发展旅游，并将自身定位为乡村温泉康体养生胜地时，资源的维护与有节制的有效开发，更是必须坚持的理念。如此进入产品开发阶段时才有保障，否则，由于温泉资源的不确

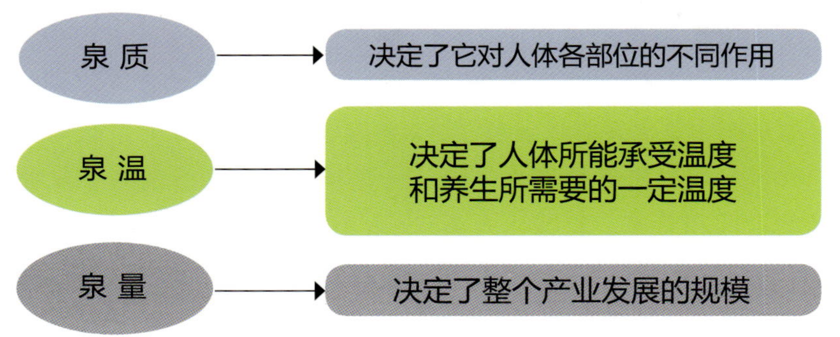

图8 泉质、泉温、泉量与温泉产业发展的关系

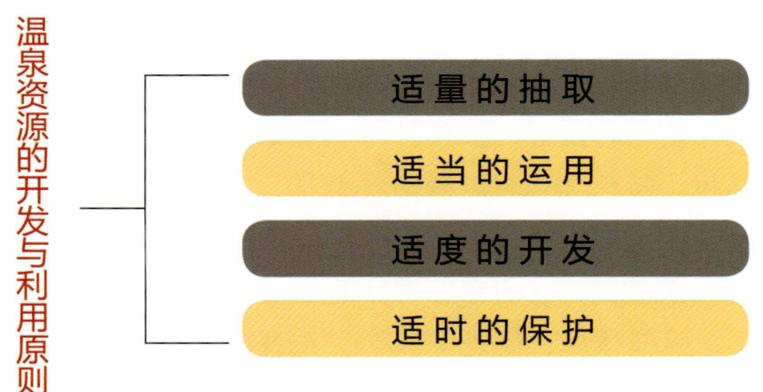

图9 温泉资源的开发与利用原则

重要的。有了资源却不懂如何展开，就算展开了又不知从何开始，都是目前发展中常见的现象。消除这些现象，才是朝正常发展方向前行的唯一途径，更是丰富产品内容的唯一保障。而关键的是主事者对温泉的认识有多少，对温泉产品的打造是否有正确的认识。

4.1 认识温泉与温泉产业

温泉（hot spring）是泉水的一种，从严格意义上说，是从地下涌出的自然水，泉口温度显著地高于当地年平均气温而又低于或等于45℃的地下天然泉水叫温泉，是含有对人体健康有益的微量元素的矿物质泉水。现在也有很多地区人工打井，一般在600～2000米，用深水水泵抽取地下水，水中富含多种有益矿物质，水温一般在20℃以上，也叫温泉井[7]。根据上述定义，我们可以知道温泉的关键点，在于泉质、泉温和泉量，这三个重点决定了温泉对人体健康与产业发展的可能性。

首先，我们必须认识泉质、泉温和泉量在整个温泉康体养生与休闲产品的构建上，及产业发展上都有决定性的作用[8]（图8)。这三者是温泉发展的基本条件，缺一不可，否则就无法打造温泉康体养生产品和发展温泉产业。泉质是因地质构

定性而产生的问题，将直接冲击温泉康体养生与休闲产品的开发以及产业的整体发展。

4.2 资源环境与温泉康体养生

如前所述，绝大部分温泉的泉源都在乡村和山区，因此温泉产业在乡村发展得较多，当然正好在断裂带附近的城市也有温泉资源。但理论上，在乡村更适合发展康体养生温泉，因为这样的产品主要是靠良好的文化与自然环境来支撑的。乡村的淳朴与宁静、乡民的好客与民情、民风、民俗等条件都优于城市，这是大家公认的，也就是说，城市所缺乏的恰好是乡村所拥有的。这也说明了环境基本决定了温泉康体养生的最佳之地。日本著名的温泉圣地热海就是一个典型案例。

热海市是一个面海靠山、人口只有 3 万多的小城市，全市的主要收入来源是靠温泉产业。热海市自然生态环境非常好，具备了发展温泉产业非常好的基础条件。我们知道自然生态环境作为休闲活动的空间和背景，能够让人类领略到自然生态环境的美好，它与人的健康有着直接而有效的关系。另外，自然生态环境作为温泉养生的一个重要条件，是千百年来温泉养生方式和养生文化所不可或缺的支撑要素。温泉养生不能仅靠温泉来实现，它更需要有一个具有文化资源与良好自然条件的生态环境。特色文化可以陶冶人性，而自然生态环境是最能影响人类感觉系统的，它的存在对愉悦人心、强健体魄、促进健康有着极为有效的作用。

日本著名的温泉胜地热海市共有近 300 个温泉住宿设施，其中约 1/3 是一般的可以泡浴的温泉旅馆，另外 2/3 则是政府或企业的员工宿舍和所谓的保养所 [10]（表 1）。在城市里的大多是提供一般住宿与泡浴的温泉，特别是靠近海边的住宿设施更是纯泡浴的宾馆。而所谓的保养所则主要在热海市郊区，环境相对优雅、安静和淳朴。从产业的特性来看，如果仅仅是周末简单的休养，那么消费者必然选择热海市滨海的宾馆；而有较多时间可以好好休息的，一定选择较为偏远的郊区去做 1~2 个星期的保养。而经过医生诊断确实需要长期医疗的必然选择疗养的产品。

表1 日本热海市住宿设施数量

年份	旅馆（个）	寮 · 保养所（个）	合计（个）
2011	118	195	313
2012	121	179	300
2013	121	182	303
2014	121	180	301
2015	116	175	291

注：本表所列为每年三月底的资料。 **资料来源：日本热海市观光经济课。**

热海市是一个极为美丽而特殊的滨海温泉城市，面海靠山的良好环境让它有一个非常有利的发展温泉康体养生产业的条件。它满足了至少两种客群：时间短的周末度假休养型客源与长时间的保养或疗养型客源。外加面海的关系，海洋资源非常丰富，完全可以满足静态以及动态饮食养生的需求，在饮食养生上提供了非常好的发展条件。热海是一个非常典型的度假与保养胜地，它靠的是自然的海洋与美丽的山景，以及人造的海水浴场、著名的 MOA 美术馆，这些支撑了整个温泉康体养生产业[11]，从条件上来说绝对可以吸引做康体养生的人来此度假与休养、保养与疗养，从它的发展策略上来看可以说是成功的典型案例。

4.3 温泉养生产品与乡村资源

温泉养生产品的打造，在很大程度上需要乡村的各种资源来支撑。这是因为温泉养生需要有个良好的环境来愉悦身心，需要静态养生，也需要动态养生，同时也需要饮食养生。因此，笔者认为乡村发展温泉康体养生，其资源的好坏将是一个重要指标（图 10）。同时温泉康体养生产品的好坏，也同样取决于资源禀赋，可见两者的关系极其重要。

所谓的温泉康体养生产品，就是以温泉资源作为养生的主要素材，并配合当地资源所打造出来足以推向市场，同时能够让消费者购买的用于康体养生且可以根据产品属性和自己喜好来选择的产品。产品的多少则是决定市场规模大小的主要因素之一。通常我们只将产品统称为“温泉康体养生产品”，但事实上温泉康体养生只是一种泛称，严格意义上来说我们至少可以将产品分成休养、保养与疗养三种，在日本称之为“温泉三养”[12]（图 11）。当然这样市场就会跟着产生三种不同的客源市场，如果不这样分类，市场也只能勉强接受只有一种的所谓康体养生产品。这样概括温泉康体养生产品，从某个意义上来说既限制了产品本身的发展，也阻碍了客源市场的发展，更违背了产品多样性的原则。这样的结果不但对温泉康体养生的发展极为不利，消费者也无法有更多的选择产品的机会。

那么休养、保养和疗养到底有着什么样的含义呢？从上述概念中，我们可以发现概念的不同也可以创造出产品的特性。如温泉康体养生

图10 福建省邵武市瀑布林温泉 **李敏/摄**

产品可以利用三者的不同内涵，进行不同的产品设计和规划，以符合不同的市场需求。有需要休养的，也有需要保养的，当然也有需要疗养的，这些客源都能根据产品的特性来购买所需要的产品，以达到不同意义上的养生目的。而所谓的温泉康体养生，顾名思义是以温泉为主要手段来运作的一种方法。但真正意义上的养生，只以温泉来谈在理论上很难达到目的，它还必须要有综合的环境来搭配才能起到有效的作用。因为，养生必须既养身，又养心、养性和养元，这样才能算是真正的康体养生，而非仅是单纯的养身问题，更不是只养心或养性而已，当然还有养元的问题。

基于以上考虑，乡村的各种资源就成为温泉康体养生产品不可或缺的重要资源了，那么这些资源到底和康体养生有着什么样的关系呢？乡村旅游资源在养“身”“心”“性”“元”上都具备了非常好的条件[13]（图12），特别是乡村的自然环境，和乡村所衍生出来的一切人、事、物，都最能为康体养生所用。乡村的资源要素是整个乡村温泉康体养生产品的最佳基础条件，乡村的各种资源完全可以在温泉康体养生产品中对应[14]（图13）。因此，乡村资源在康体养生温泉产品中所占的地位与分量有多重就不言而喻了。从上述的论述中，我们可以知道乡村资源的好坏和原真性维护之成果，直接关系着整个旅游发展与产品构建，同时也影响着温泉康体养生产品的质量。

5 精致化乡村与温泉产品和产业发展

乡村之所以广受欢迎，就是因为它的深厚文化底蕴和自然色彩，这些城市里所没有的财富是大家必须守住的。发展乡村健康旅游，我们要守住什么？发挥什么？展现什么？体现什么？[15] 这也是乡村发展民宿的四大原则：守住“纯”性，发挥“特”性，展现“个”性，体现“温”性。只要守住这些大原则，那么发展就不会存在大问题，否则在发展过程中就会

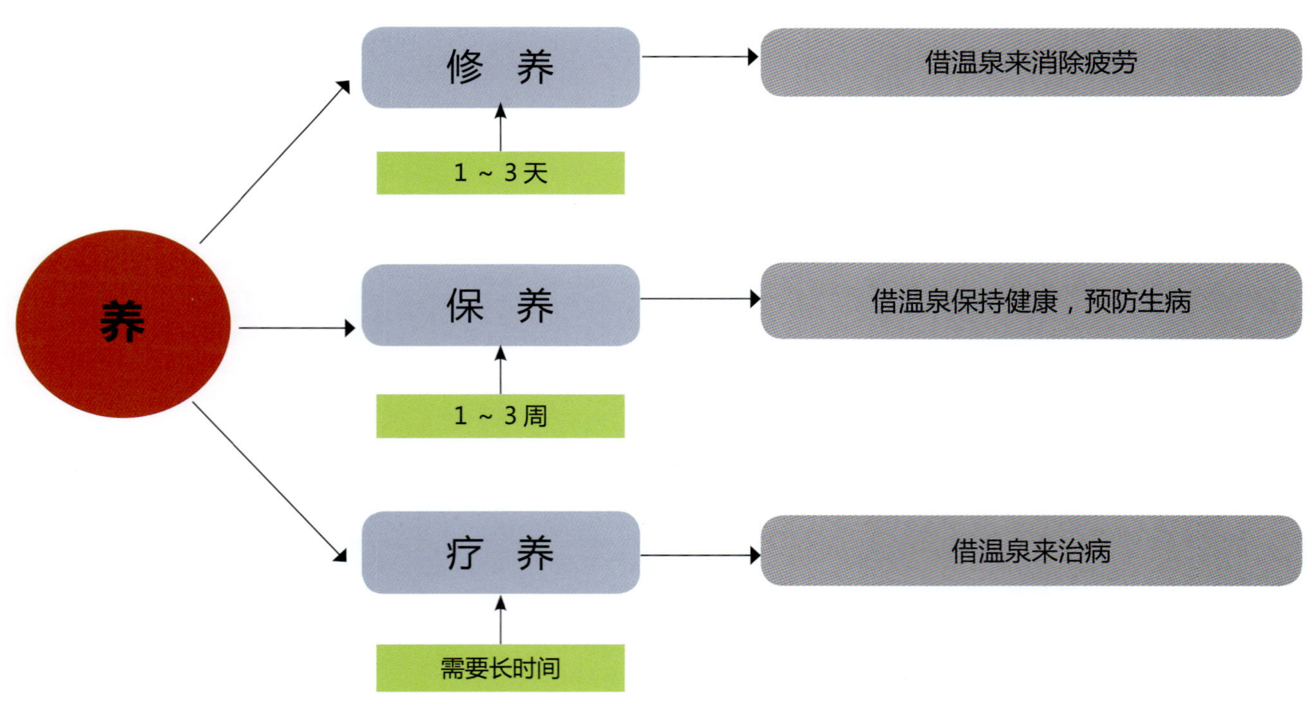

图11 温泉三“养”

出现过度城市化的色彩，进而失去发展乡村健康旅游的目的和意义。

众所周知，乡村资源禀赋决定了旅游和温泉产业开发的质量与规模，相反的开发方向则很可能成为破坏乡村资源的元凶。如前述两者之间的互补性强、共通性大，如果不在同一个理念和相同的方向发展的话，那么造成乡村原真性破坏是无法避免的。因此，笔者主张，在我们决定开发乡村健康旅游时，首先要采取精致化发展战略，来打造乡村健康旅游和温泉产品以及温泉产业的发展。事实上，这样的观点也是当前市场的要求，也就是品质化、精致化的乡村健康旅游发展模式（图 14）。

从当前的发展情况来看，可以非常轻易地发现，绝大部分的开发都是破坏性开发。如大型企业进入乡村，以城市化的概念打造现代化乡村，以景区的概念打造乡村的现象处处存在。再说娱乐化、大众化的温泉开发项目漫山遍野地开展，单一的所谓温泉康体养生产品随处可见，这些完全不符合时代需求的落伍产品实在不应该存在。

我们主张精致化的发展模式，是因为它既能保护乡村的原真性，也符合市场对质量的需求，更符合可持续性发展的模式。我们坚决反对用城市化概念发展乡村，也反对大众化与娱乐化的温泉产业铺满全国各地，因为那是完全破坏温泉环境资源的举动、糟蹋可贵温泉资源的行为。这种错误的发展模式完全不懂温泉资源的珍贵[16]（图 15），更不懂温泉产品对人类的好。他们更不知道那样的开发必然会让温泉资源枯竭的道理，他们对温泉的认识，依然停在戏水与泡澡的概念上，那是极为可笑与无知的。

因此，笔者主张乡村健康旅游、温泉产品以及温泉产业的发展，都应该在精致化的理念下往正确的方向发展[17]（图 16）。我们绝对不能让乡村发展景区化与温泉发展娱乐化，我们要的是能够守得住乡村美景，看得住有效开发温泉资源的发展模式。乡村健康旅游与温泉康体养生产品，只有在先进的理念与优质环境下，相辅相成地发展，才能

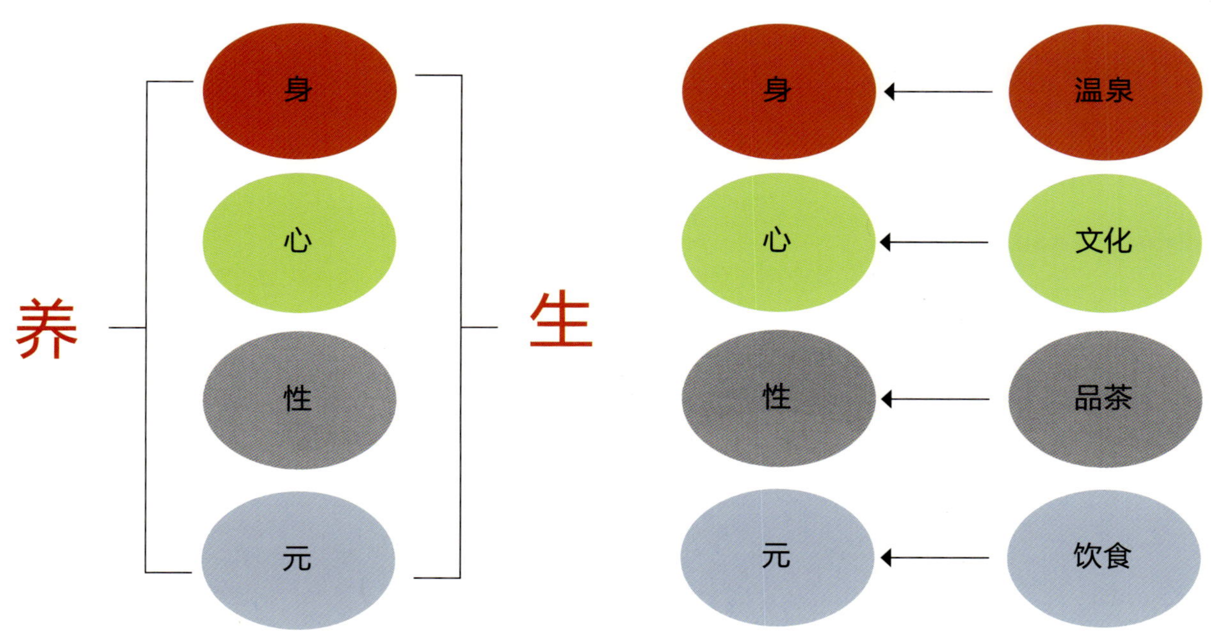

图12 康体养生的四个方面

图13 乡村资源与康体养生

图14 日本知名温泉小镇——草津小镇（中心广场） 彭婷婷/摄

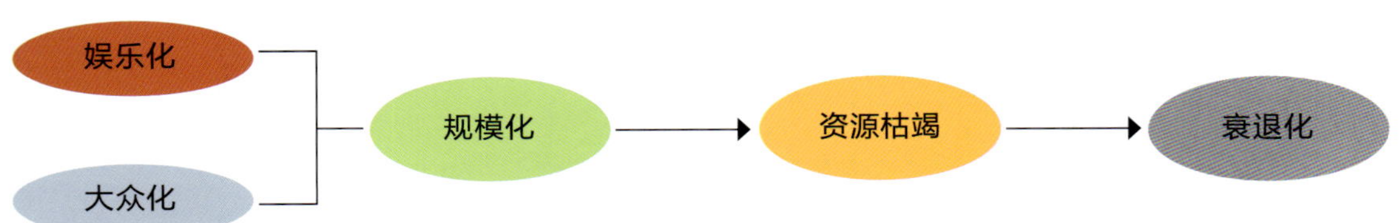

图15 几种错误的温泉发展模式

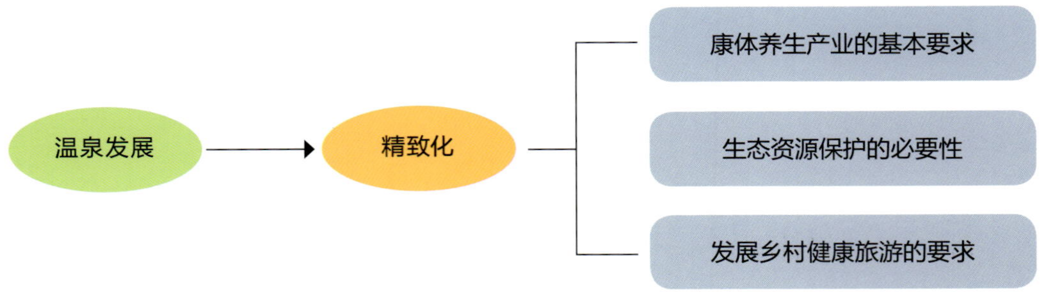

图16 正确的温泉发展模式

创造出质量高、品质好、价值大的乡村健康旅游与温泉康体产品与产业。

6 结论

人类在高度发展后才意识到健康的重要性，这种普遍的现象似乎是不分国界、不分人种的。而选择乡村作为健康旅游和康体养生的目的地，也同样受到各国民众的喜爱，这并非所有人都没有个性，都喜欢同样的东西或产品，这只能说明当今能够让大家公认的最佳去处就是美丽的乡村。

乡村作为人人向往的场所，自然有其原因和条件，否则绝大部分人为何选择去乡村呢？因此，假设乡村不像乡村的时候，那我们又有何处可去、何处可留呢？美丽乡村永远都是大家所喜爱的地方，不仅仅是它的美丽生动，而且是它那种综合性的正能量能够带给人无比的舒心、宽心、安心。

乡村资源与温泉资源的组合，所衍生出来的康体养生产品是自然的组合，是必然的结合，两者共生共存所创造出有利人类健康的产品，是康体养生的最佳产品之一，也是最具代表性的乡村健康旅游产品之一。它们能够组合成产品，是因为彼此有组合的条件，那就是一方提供了良好的乡村资源，另一方拥有优质的温泉资源。

我们已经进入高度需要康体养生的时代了，康体养生需要的是一个优质环境，需要的是好的康体养生产品。但我们必须首先维护好乡村文化与优质的自然环境。我们不能过度开发温泉资源，要实施管控与节制性地使用温泉资源，而非无限制的开采。我们要的是可持续性的发展，而非短期利益的开发，要的是不因开发而破坏乡村资源，糟蹋温泉资源的结果。

参考文献

[1]德村志成．衡东县休闲养生旅游发展专题研讨班发言[R]．湖南省衡东县．2017-06-06.

[2]德村志成．论乡村旅游之定义及核心意义．

[3]德村志成．从乡愁、乡创、乡建谈乡村旅游与民宿发展问题[J]．小城镇建设，2017，3.

[4]同[3].

[5]同[3].

[6]德村志成．国际乡村旅游休闲论坛[R]．杭州市．2015-10-31.

[7]https://baike.baidu.com/item/%E6%B8%A9%E6%B3%89/159?fr=aladdin

[8]同[6].

[9]同[6].

[10]http://www.city.atami.lg.jp/_res/projects/default_project/_page_/001/001/297/28syukuhaku.pdf.

[11]德村志成．世界养生养老小镇的发展——以日本为例[R]．来也大讲堂．成都市，2014-10-29.

[12]德村志成．温泉休闲养生旅游发展的几个问题——以日本温泉发展为例[R]．成都信息工程大学，2015-11-13.

[13]同[12].

[14]同[12].

[15]德村志成．从乡村旅游的定义谈乡村旅游与民宿发展问题[R]．河南理工大学，2016-12-07.

[16]同[6].

[17]同[6].

从乡村旅游到康养旅居

The Transformation from Rural Tourism to Wellness and Residential Tourism

文 / 马牧青 马敏行

【摘 要】

康养旅游，顾名思义是健康养生类旅游。随着人们生活水平的提高，人们对“健康、愉快、长寿”的欲望越来越强烈，而单纯的康养已难以满足人们对高品质生活的追求。乡村康养旅居正能够适应康养消费和旅游消费双向需求的差异化、人本化、异质化，甚至是高端化和定制化的要求。本文通过对乡村康养旅居的目的、方式、载体进行分析，从而推演乡村旅游的发展路径及产品形态：乡村旅游本质上是乡村休闲，乡村休闲的最佳方式是旅居，而康养是乡村旅居的顶配产品。

【关键词】

乡村旅游；健康养生；康养旅游；康养旅居

【作者简介】

马牧青 北京绿维文旅科技发展有限公司总策划师

马敏行 北京青蓝文旅规划设计有限公司运营总监

康养旅游，顾名思义就是健康养生类旅游。随着人们生活水平的提高，人们对“健康、愉快、长寿”的欲望越来越强烈，而单纯的康养已难以满足人们对高品质生活的追求。融合时下发展迅猛的休闲旅游，康养旅游迎来重大发展机遇。不少投资者借助国家特色小镇战略筹划康养小镇项目，与特色小镇对应的是国家另一个战略决策——田园综合体；而田园康养、乡村旅居已然成为时尚，这恰恰又是与康养旅居配套的产品，我们称之为“乡村康养旅居”，康养是目的，旅居是方式，乡村是载体（图1）。

1 乡村旅游本质上是乡村休闲

近年来，乡村旅游成为旅游界的热门概念，也是各地政府发展旅游的重要着力点。政府在引导，企业在跟进，农民在参与，但是，乡村旅游的确切定义仍值得商榷。

乡村旅游本质上应该叫乡村休闲，这个定义很重要。对于旅游行业，只有定义精确，定位才精准，规划才精到，才能开发到位，并落地产生效益。乡村旅游关系到“三农”问题，尤其值得从定义开始就要到位，否则，又会成为劳民伤财的面子工程。事实上，正是因为乡村旅游的定位不准，乡村旅游规划与开发大多不到位，真正落地产生客流和效益的更是寥寥无几。

乡村旅游本质上是乡村休闲，这一判断主要基于以下几点：

（1）从概念和范畴上讲，“旅游”者，先旅后游，“旅”是旅行，有一种空间上的转换和移动。休闲不分区域，在本地休闲，当然成不了旅游；而到外地休闲，我们往往说成是休闲旅游。因此，从城市移步乡村，“休闲”状态本身的意义远大于“旅游”的意义。

图1 英国Burford小镇

彭婷婷/摄

图2 北京密云张泉大地乡居 **图片来源：由北京大地乡居旅游发展有限公司提供**

（2）从市场和客群上讲，乡村总是与城市共生共存的，每个城市周边都是乡村，国内国外，概莫如此;上下五千年，亘古未变。只不过，随着现代工业革命的深入，靠近大都市的乡村，大部分已经半城市化，失去了乡村的原生态，没有了乡村的原风景。因此，乡村旅游的市场定位必然是乡村所依托的城市或邻近的城市群，目标人群是厌烦了城市生活、准备到乡村度过一段休闲时光的人。

（3）从资源和文化上讲，乡村旅游的客群基本没有离开自己日常生活的区域，从城里到乡下，仍旧在同一个地域内，大环境并未根本改变，只是多了点“土、俗、野、古”的乡村气息，以及区别于城市的生态自然环境。但区域性的核心文化是相同的。同一环境下寻求的是一种不一样的生存状态，“休闲”更能描绘这种愉悦感。如此说来，乡村旅游就是城里人到附近的乡下去休闲，而不是旅游(图2)。

当然，凡事有正反两面，有的地方乡村旅游也是成立的，而且火得很，市场辐射得足够远，不只是周边城市。但有一个共性，那就是：这样的乡村有独特的旅游吸引物，要么是景观，要么是业态，只不过，这已上升到景区的层面。从根本上讲，这是景区旅游，而非乡村旅游。这样说来，对于乡村旅游的定义是不准确的，这既是旅游发展初级阶段观光概念的固化，也是受到了当前旅游主导产业形势下，要政绩、

图3 台湾青蛙民宿 徐露萍/摄

走形式、重利益的劣风影响。

但有一点是明确的：乡村旅游也罢，乡村休闲也罢，其本质定然是休闲。

2 乡村休闲的最佳方式是旅居

从全球发达国家的旅游市场发展规律与市场沿革来看，在后工业革命时代，必然伴随着乡村旅游革命。

工业革命在给人类带来丰富物质享受的同时，也使城市失去人类不可缺少的自然环境；信息革命更是难免造成世界性城市文化雷同化的负面影响。正是由于人们意识到环境的恶化和文化的同化，会使人类失去物质和精神的双重栖息地，乡村休闲才受到城里人青睐，成为旅游发展的新热点，而对于很多城里人，乡村是回不去的故乡，只能是第三甚至第四居所，“旅居”则应运而生。

陶渊明的《归园田居》有这样的句子：“方宅十余亩，草屋八九间。榆柳荫后檐，桃李罗堂前。暧暧远人村，依依墟里烟。狗吠深巷中，鸡鸣桑树颠。”其5首《归园田居》恰恰是对耕读生活的最真切的描述。后几句是：“户庭无尘杂，虚室有余闲。久在樊笼里，复得返自然。”这种直抒胸臆的感情表露，在传统农业时代，其回归自然的期盼是热切的；在后工业革命时代，更有现实意义，它不仅反映了现代城里人向往的一种生活方式，更是一种乡村情怀和乡愁情结（图3）。

2.1 乡村具有丰富的旅游资源

中国的乡村有我们所渴求的休闲资源。古代农村是耕读乡村，秉承耕读传家，劳作滋养身体，读书修身养性，由此形成了古代乡村特有的物质与精神生活良性循环的模式。就休闲资源来说，中国社会的封建时代较之于欧美封闭而漫长，其最典型的形态是农耕经济，最直接的外在表现是田园风光和乡土风情，这主要表现为“六风”。

一曰风光。田园风光是乡村休闲的环境依托和基础，这是城市所没有的。

二曰风貌。包括自然风貌、地理风貌、建筑风貌等，这是最吸引人的乡村资源，尤其是古村落，已经浸染了乡村几百年乃至千年独特的乡俗、乡情和乡礼。

三曰风俗。这是乡村的核心资源和独特文化。我国地域广阔，地貌复杂，因而有“百里不同风，十里不同俗”的说法，而风俗恰恰是现代人休闲旅游的一个重要诉求点，风俗往往是旅游者最喜闻乐见并乐意去体验的，其中最集中、最风俗化、最活态化的活动便是节日。节日作为风俗的重要集聚点，丰富多彩，千奇百怪，且传统节日的形成过程，就是一个民族或人群历史文化长期积淀凝聚的过程，其中大多是从远古发展过来的。从这些流传至今的风俗里，还可以清晰地看到古代人民社会生活的精彩画面。

四曰风物。这是乡村的重要人文景观和载体。对于风物，概指风景和物品，也喻指大气候，但更多的是代表地方特色的土特产。如杭州的织锦、景德镇的瓷器、宜兴的陶器、绍兴的黄酒、三清山的山茶油、汕头的抽纱等。对于乡村，田园里的耕牛、传统农业耕具、灌溉机械，

图4 黔东南台江苗族斗牛节 **曾皎飞/摄**

村落里的石碾、石磨，都是一种浸润着独特人文的风物。

五曰风情。这是乡村的颤点和俏点。风情，指风土人情，泛指地域性的生活环境、风俗习惯、宗教信仰、民族性格和审美情趣，也表现在独特的建筑、服饰上。风情既有士大夫高雅的意趣，也有世俗化的男女恋爱之情怀，民间的爱情传说和传奇蕴含着永久的魅力。大凡风情化的东西对于外来者是最具诱惑力的：外国人到中国，发达地区人到落后封闭地区，城里人到乡下，内地人到少数民族居住区，大致如此。在偏远的黔东南，少数民族的生存生活和生产方式，以及独特的人文风情，是原始农耕时期生活方式的一种保留和延续，这对于内地人、外国人就是一种异域风情。如：部分苗族人仍使用着我们4000年前的太阳历；姊妹节、茅人节堪称东方最古老的情人节；侗族大歌、多声部情歌、水鼓舞、东方最古老的斗牛节等，则以歌舞传承着文字没有记载下来的古代先民的传奇和历史，许多少数民族会说话就会唱歌，会走路就会跳舞，这样一种无忧无虑淳朴快乐的生活方式，是人类童年时代才有的（图4、图5）。

六曰风味。这是乡村的最大诱惑力和感召力。“食色，性也”，如果说风情类同于“色”，那么，小吃就类同于“食”，对于风味，我们可以特指地域性特色小吃，或者事物所具有的特殊色彩或趣味。总之要有独特的风格、特征与趣味、味道。清方文《偶过玉海小饮》有诗：“火烧玉露色香减，蜜浸人薓风味嘉。”指的就是风味。近几年很火的陕西袁家村是以特色小吃风味而出名的，这说明特色小吃的诱惑力是巨大的。在现代交通发达、自驾车普及、物

图5 黔东南台江苗族姊妹节之姊妹饭 吴东俊/摄

质丰富的生活条件下，有人可能不惜奔波千里、花费几个小时赶往某地，为的就是尝一口独具风味的小吃。

对于“六风”，田园风光是依托，建筑风貌是载体，风土人情是内容。这些原本是观光旅游的内在元素，但随着近几年休闲旅游的兴起，由于其丰富的内容和外延，以及无限的体验性、延展性、商品性特点和良好的互动化、情境化、沉浸化参与形式，已成为当下休闲旅游产品和业态的重要设计内容，以后会更风尚、更风靡、更风行。

“六风”莫不与原住民有关，蕴含着浓浓的人情味儿，城市休闲者所看重的就是乡村独有的人文气息，所以才来到乡村，体验“旅居”的不同生活。这是人和自然之间互动关系的活态体现，不是冷冰冰的“自然”或“环境”，而是活生生的人和自然的复合体。在个体为情感或个性，在群体为文化或精神。

2.2 乡村是中国人的精神家园

乡村不仅有陶渊明笔下浸润于古老土地的乡村情境和美好意蕴，更有沉淀在骨子里的、浓厚的农耕文明和精神。事实上，中国5000年的文明就是乡村主导的文明，中国乡村携带着中华文明的基因，有文化、有历史、有家族、有独特的生活方式，现今尚保留下来的近300万个古村落，携带着中华文明的密码，承载中华民族不同历史时期仍存活的文明形态和文明历史。从历史的视角来看，离开乡村就无法解读中华文明。

中国古村的格局、建制、雕刻、牌匾等都寄寓着文化意象，它不是一堆生硬的古建筑群，而是被中国文化浸润滋养透了的文化、科技、美学、教育、民俗等多种因素的复合生命体，是千百年来人们耕读生活的栖息地，寄托着乡民居住、劳作及崇文、敬天、祭祀等宗法关系与情感。

从这个角度来看，包括乡村建筑和田园在内的人文与自然形态的“六风”是乡村文化活的载体。这样说来，乡村真正的价值是中国文明、文化之根，更多的时候，我们可以将之看作一个可以深沉对视的有生命的老人，更难得的是，有的还珍存着人类童年时代未泯灭的初心。

乡村人文是无比丰厚的、活态化的遗产和财富，在世界上独一无二。从工业文明角度看，这可能是一种愚昧的生活方式；但从生态文明、精神文明和现代旅游角度讲，却是最原始、最原真、最原生的资源，是安详稳定、恬淡自足的象征。乡村风景宜人，空气清新，适合人群居住。乡民从事着与自然和谐相处的农业耕作，民风淳朴，形神有序，节奏舒缓。乡村有着更多诗意与温情，有久违的乡音、乡土、乡情以及古朴的生活、恒久的价值和传统。乡村生活的这种闲适性，正是当下休闲旅游市场所追求的，具有无穷的吸引力，已经成为中国未来最稀缺的旅游资源。

乡村不仅对城里人有诱惑力，对外国人更是如此。中国文化对于欧美国家一直是神秘的，而乡村则是中国的文化秘境和集聚点。这样的产品才能与城市交换，才能为外国人所钟情。中国乡村的价值不仅属于中国，而且属于整个世界。乡村旅游对于国人，是历史之旅、心灵之旅和朝圣之旅，对于发达国家的外国人，则是文化之旅、探秘之旅和风情之旅。中国的乡村是人类文明的一个巨大遗产，那是我们生活的净土，我们灵魂最后的栖息地，作为迥异于都市的悠闲、宁静、生态、传统的自然文化环境，承载着产业转型升级后的高层次的市场需求，是未来城乡人共同的家园。

2.3 乡村旅居是一种生活方式

在不同的时期，一个事物往往在朝两个相反的方向过渡和发展。从居民生活方式的阶段性来看，前些年，处于中国城市化高潮阶段，大量居民涌入市区，步入了城居生活时代。随着城市人口压力不断增加、城市资源逐步稀缺，城市空间趋于狭窄、城市环境越发恶化，人们开始逃离城市的压力和氛围，急迫需要一个缓解压力、释放身心的生活空间。

在高速公路、地铁、互联网、物流网加速发展的背景下，传统生活方式将逐步消失，一部分游客到乡村已不再是单纯的旅游，而是被乡村环境所吸引，在当地较长时间地生活和居住。这是很现实的，因为城市有工厂、有市场，农村是家园、是生活和享受的地方。乡村与城市功能性不同，乡村生活可以与城市生活做差异化的分工，未来乡村旅游要承担起乡村物质和精神空间存续的重任，更多地追求精神个性，追求与自然、生态、文化的共融，在本质上是精神相对稳定、心灵有所安放和寄托的状态，是从事创造性劳动和诗一般生活的空间。

乡村生活方式，近几年在国内蔓延开来，部分退休的年长人士，不愿意长期住在城市。这种现象不仅出现在北京等大都市，在黑、吉、辽等省份，甚至出现了“候鸟式旅居”。这方面典型的国家是日本，日本的退休人士和一些在城市工作的人士，一年中有较长一段时间居住在乡村。

从观光旅游发展到休闲旅游，最典型的旅游方式就是度假，与观光旅游所追求的“多走多看”的诉求不同，休闲度假者往往在一个地方停留较长的时间，以体验原居住环境所没有的异质化的生活方式，这种旅游已然是一种生活方式。当休闲成为常态，旅游就成为一种休闲方式；当乡村旅游成为时尚，乡村旅居就成为一种生活方式。乡村生活时代似乎已经到来，而首当其选的就是带有休闲性质的乡村生活（图6）。

在国家经济结构调整和出台各种利好农业、农民的政策背景下，大量社会资本涌入农业，新农业蕴含着巨大潜力，是一个值得投资者期待的领域。富裕起来的城市人一经跨入乡村，他们会发展人与自然的关系、人与人的关系、道德与自治之间的关系，城市人会明白生活价值。也许有一天，都市有钱人住进了乡村，“空心村”会被城里人填充进来。也许未来某年，种田是最好的一种生活方式，当下国家大力推进的田园综合体、特色小镇就是一种模式。

图6 广西龙脊梯田民宿 **王亚婷/摄**

3 康养是乡村旅居的顶配产品

作为大健康产业和旅游产业的复合型产业，康养旅游乃社会发展到一定阶段的产物。人们需要住下来和静下来，这是物质层面的和精神层面的双重需求。如果说休闲度假是一种提高生活质量的诉求，那么康养无疑是延续生命质量的诉求。如果旅行是为了观光，旅游对应着休闲，旅居对应着度假，那么康养应该是度假旅游的一个重要产品，而且很可能会成为一个核心产品，因为康养是在物质生活已经满足的条件下衍生出来的精神层面的深度体验，乃至享受。与休闲比，已不仅仅是生活质量提高的问题，而是生命质量的延续和升级。

3.1 康养旅游市场需求巨大

中国已经全面进入小康社会，《大健康十大投资热点市场规模预测》[1] 显示，预计到 2020 年，大健康产业总规模将超过 8 万亿元。未来 5 年，养生旅游的市场规模将呈快速增长态势，年复合增长率有望达到 20%。2020 年市场规模将在 1000 亿元左右。进入 21 世纪，中国步入老龄化社会，中国现有老龄人口已超过 2 亿，且每年以近 800 万的速度增加。到 2050 年，中国老龄人口将达到总人口的 1/3，而老龄人口更倾向于康养旅游。

目前，世界上有超过 100 个国家和地区开展康养旅游，2017 年预计将产生 6785 亿美元的收入，占世界旅游收入的 16%。预测分析称，从地域角度来看，以珠三角地域养生市场为主，辐射海外华人及亚洲市场；从年龄角度来看，以中老年人群为主，中年为辅，中老年市场的休闲度假消费数量较大，消费诉求为医疗、延年益寿；从性别角度来看，以女性市场为主，养生保健消费较大，其养生商品的购买力较

图7 英国古老美丽的小镇科姆堡　　史云凡/摄

强；从商务市场看，养生保健消费量大，对养生餐饮消费要求较高，消费者较为注重生态养生场所的档次规格，消费额较高。

3.2 康养旅游供给主要来自乡村田园

乡村康养旅居适合老年人，也适合周末和节假日来放松身心的城市人，更适合那些在城市中从事高强度工作的人。乡村康养可以使城市生活空间得到优化扩展，使城市人生活品质和生命质量得到提升，达到生活和工作无间相融的生命状态，并让乡村找回应有的价值。

乡村的定位首先是生活区，然后才是生态、绿色、低碳性质的其他产业聚集区，其首先关注的应是生命质量。事实上，从城到镇、到乡、到村，生活功能一直在强化，生产功能本来就弱，今后更应逐步弱化，这是社会进步的必然结果。

欧美的乡村发展历程已经证明，庄园这种形态一个重点的演化方向就是高净值人士度假的地方（图 7）。从某种意义上说，通过产业提高生产效率，那是城镇的责任，劳动力应在城里从事高附加值的工作，至于乡村，那是养心、养生、养老的地方。

中国乡村有人们渴望的原生态的风景和原真性的人文，未来最大的旅游产品，不仅仅是乡村景观，还有天人合一的自然慢生活，古朴纯真，恬淡静谧，原汁原味，知足简单，有故事、有亲情、有交流。乡村不仅是一个生产粮食的地方，还是一个离大自然最近，可以医治现代工业文明创伤的地方，许多难以治愈的城市病都在乡村生活中得到治愈。

有人说，乡愁是一种病。乡村本质是给都市人提供一种不同于城市环境的生活体验，是入世与出世之间的一种空间转换模式，也是工作与休闲之间的一种时间缓冲节奏，目的是满足他们的“世外桃源”情结，消释他们的“乡愁”心结。除了换种环境，更重要的是换种心境，体味土、野、俗、纯、真、古的意蕴。个中意味，有禅茶一味中的“苦、静、凡、放”之感悟；也有苦中作乐、静中思睿、凡中寻大、放中求远之情怀。

乡村康养旅居正是适应了康养消费和旅游消费双向需求的差异化、人本化、异质化，甚至是高端化和定制化的要求，它给人以自由空间，使工作中的紧张情绪得到最大的释放。乡村旅居不再满足于大众化旅游产品，而更追求个性化、体验化、情感化、休闲化的旅游经历，通过参与性和亲历性活动获得愉悦。

游客在田园和乡村住下来，主要基于“三避三养三洗”的需求。“三避”即避霾避寒避暑；“三养”即康疗养生、乡情养神、环境养老，这可以延伸至医药疗养、田园颐养、运动健养、药膳补养、文化修养等；“三洗”可理解为，好生态洗心，好空气洗肺，好食品洗胃。

对于康养旅居的参与者，“康养旅居”这一美好的愿景仍有很长一段路要走。乡村康养项目的开发，需要政府、企业、民间资本等各方全面合作，探索最佳实现路径。基于生态资源完善配套、强化康养主题并打造优质康养体验为康养项目成功的关键。

首先，开发者需根据项目地自身特色资源，优选开发方式。例如，依托乡村周边文化基础，做康养小镇开发。如有长寿文化基础，倡导食养、药养等健康养生方式，主推健康养生；有温泉这一核心资源，则重点打造温泉康养产品。当地如无特色资源，应植入相关特色与功能，改善当地生态环境，同时培育和引导养生养老产业进驻，发展养生产业，医养结合型则需导入医药产业，形成医药产业园等。

其次，强化健康养生养老主题，进行多元化开发。以健康养生、休闲养老度假等健康产业为核心，进行休闲农业、医疗服务、休闲娱乐、养生度假等多功能开发。

最后，政府应通过顶层设计，引导开发者与各参与方打造优质服务体验。政府应立足乡村自身特点，以市场化开发为主导，确定项目的开发主体、开发模式、招商及运营模式等，形成系统化的运营管理流程，推进康养产业群的高效发展，实现乡村经济效益增长。

参考文献

[1] 郭凡礼，蒋华阳，许玲妮，等. 大健康十大投资热点市场规模预测 [N]. 中国投资咨询网.

2

养生农业与健康旅游

Yangsheng (Wellness) Agriculture and Wellness Tourism

徐晓东/摄

中国养生农业文化演变与当代健康旅游价值

The Evolvement of Chinese Agricultural Wellness Culture and Its Modern Value of Health Tourism

文 / 刘国栋

【摘 要】

本文通过对养生与农业本源的考证，通过对中国中医养生文化的研究，阐述了农业的本质及其与养生的关系，提出了“养生农业”“农业养生”概念的深层含义，使人们对人类如何发明“农业”，中华先祖如何利用农业解决养生（健康）问题，最终形成中国式的食物结构，有更深层次的理解，并探讨了如何通过“养生农业”这个根本，去解决现代农业生产中存在的不足，以及现代养生实践中忽略了的“农业”养生问题。

【关键词】

农业养生；中国传统农业；养生农业体系；健康旅游

【作者简介】

刘国栋　北京华夏健业生态农业研究院院长，中国健康联盟养生农业研究院执行院长

注：本文图片均由作者提供。

1 背景

本文从“养生”和“农业”的文字起源、农业的起源与发展、中华先祖对农业的贡献、中华先祖养生理论等方面来探讨养生与农业、养生与中医、养生与自然、养生与自身、养生与天时、养生与旅游各方面的关系，以此构建中国“农业养生体系”，指导“养生农业”生产，挖掘“农业养生”对人类健康长寿发挥作用的方式和方法，从一个全新的角度认识中国农业，认识中国农业对旅游业及未来人类健康的影响。

养（飬）yǎng 甲 金 篆

图1 “养”字的字源演变

字源演变

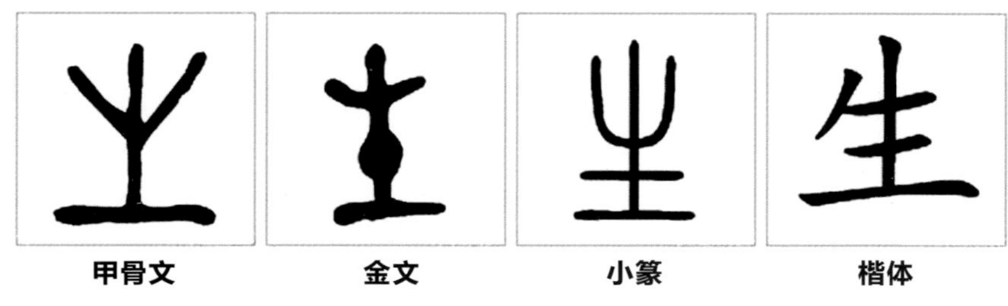

图2 “生”字的字源演变

2 养生的来源

2.1 “养”与“生”的原始字义

2.1.1 “养”字的释义

关于“养”字的原始意义，在字典和文献中目前有以下几种解释：

（1）中国国学网“说文解字”中对“养”字的标注是：甲骨文、金文的“养”字本是一个会意字，像手执鞭杖赶羊之形，表示放养羊群，意思与“牧”字同。

“养”在小篆写法中变为从羊从食，羊又代表读音，所以“养”字又成为一个形声字，表示以食物饲养之意。“养”字后来又引申为生养、培养、疗养、教养等义。

（2）文言版《説文解字》（陈昌治、段玉裁刻本）：養，供養也。从食，羊聲。

（3）象形字典对“养”字的注释：养，甲骨文 = （羊）+ （攴，手持鞭子），表示在山地驱赶羊群。造字本义：放牧羊群。金文 承续甲骨文字形。篆文 = （羊）+ （食，喂食），表示圈羊喂草。古代称放牛为“牧”，称放羊为“养”。后来“养”专指圈喂家畜家禽（图1）。

从以上几种解释中，我们可以看到，“养”字是从原始人类驯化动物“ ”而产生的，人们执枝“放羊”的行为叫“ ”，也就是“养”字的原始本义。可见，“养”来源于放羊，人们把放羊的行为叫“养”。甲骨文、金文的出现，使“养”既能表达形象，又具备了声音意义。

2.1.2 “生”字的释义

关于“生”的原始意义，在字典和文献中有以下释义：

（1）甲骨文、金文中“生”的字源演变见图2。

（2）《说文解字·生部》： “生，进也。像草木生出土上，凡生之属皆从生。”所谓“进”，就是“生长”“长出”的意思。

通过对养生的原始字源、字义的分析，我们可以从中得出：“养”最早的字源与人类驯化动物，获得动物食物息息相关；“生”最早的字源与古人种植谷物，选择谷物作为食源息息相关。“养、生”的原始本义实质是“放养、种植”。

2.2 “养生”词语释义

我国古代对养生的定义：

（1）摄养身心使之长寿。“养生”一词，最早文字出现于《庄子·养生主》篇：“文惠君曰：‘善哉！吾闻庖丁之言，得养生焉。’”

（2）保养生命，维持生计。汉荀悦《申鉴·政体》：“故在上者，先丰民财以定其志，帝耕籍田，后桑蚕宫，国无游民，野无荒业，财不虚用，力不妄加，以周民事，是谓养生。”

（3）畜养生物。宋司马光《涑水记闻》卷十四：“赵阅道为人清素，好养生，知成都，独与一道人及大龟偕行。”

（4）驻扎在物产丰富、便于生活之处。《孙子·行军》：“凡军好高而恶下，贵阳而贱阴，养生而处实，军无百疾，是谓必胜。”张预注：“养生，谓就善水草放牧也；处实，谓倚隆高之地以居也。”

（5）生育。《史记·日者列传》：“而以义置数十百钱，病者或以愈，且死或以生，患或以免，事或以成，嫁子娶妇或以养生：此之为德，岂直数十百钱哉！”

通过对“养生”一词的来源分析，我们可以了解到古文中“养生”的含义：（1）不仅仅是善水草放牧，还要“处实”而居；（2）身心养生也是一种重要的养生方式；（3）养生还包含“生育、农耕”等多种含义。

欧美国家对养生的定义：

在欧美国家，养生（wellness）这一新生词汇产生于1961年，由美国医生哈尔伯特·邓恩（Halbert Dunn）提出，由Wellbeing（幸福）和fitness（健康）结合而成。哈尔伯特·邓恩医生认为自我丰盈的满足状况为较高的养生境界。这一理念由Ardel、Travis等作家在有关健康的出版物中采用，Travis强调养生的动态性，认为养生是一种状态、过程与态度，而不是静止不变的状态。

亚当斯（Adams）（2003）提出了养生的四个基本点：养生是多维度、多空间的；养生研究应以保养、保健而非疾病病理为导向。养生是平衡。养生是相对的，主观的，感知的。

Puczko和Bachvarov提出养生的七维空间，包括：社会、身体、感情、智力、环境、精神和职业。部分学者认为，精神性是养生的核心，是介乎本我与社会自我之外的超常存在，是人与宇宙奥秘的关系。

3 农业的起源

3.1 金文中“农”字的构成

金文“农”字会意田作的规律，篆书农，会意种植、养殖的规律，这两种字体“农”字的字头部分由只包含草木，向包含农耕和养殖发展了，但是，代表规律之意的“辰”部首却未发生变化，这说明周人清清楚楚地知道甲骨文、金文每个字符的含义和构字原则，而且，也说明农字并不是已进入农耕文明的商代的产物（图3）。

图3 “农”字的字源演变

3.2 小篆中的“业”字

小篆中的“业”字属于象形字，从丵（zhuó），从巾丛生草。大版也。本义：古时架子横木上的大版，刻如锯齿状，用来悬挂钟磬。大版，大业（图4）。

图4 小篆中的“业”字

3.3 “农业”一词的来源出处

“农”与“业”合起来，最早见于《亢仓子·农道》：“古先圣主之所以理人者，先务农业。”

通过对农业的起源、“农业”文字来源的考证，我们可以看到中国的“农业”文字的产生晚于“养生”二字产生，在甲骨文里目前还没有找到“农业”二字。先有“养生”，后有“农业”。农业是为“养生”服务而形成的“集中采集，作物驯化”产业。

4 农业与养生

从养生的字源含义看，养生＝农业（放养＋种植）。随着人类社会的进步和发展，养生与农业都被赋予了更多的外延与内涵，我们不得不重新对农业与养生进行更深入的探讨和了解。

4.1 从农业的发展阶段看农业

国内外的农学家把世界的农业发展分为三个阶段，即，原始农业、

图5 世界农业的发展阶段

传统农业、现代农业；也有学者在传统农业与现代农业之间加了“近代农业”（图5）。不同的阶段，农业的目的是不一样的。从原始农业阶段人们为了活命，而寻找和选择不同的食物开始，到传统农业除了满足生计外，还要把剩余的农产品与其他商品交换，再发展到“规模化种植、规模化养殖”的现代农业，人类“肉蛋奶”的满足，带来了高品质营养水平的提高，但也带来了食物安全、健康安全的更大隐患。我们究竟选择怎样的农业才是未来最佳的农业，最合理、最健康、最生态的农业，成了现实人们生活中的最大困惑。

4.2 中国原始农业的智慧及其主张

中国的原始农业大约在距今12000年前的新石器时代早期阶段出现了雏形，原始农业的重大技术突破是驯化野生植物和动物，标志是稻谷和陶器的出现。原始农业是在原始的自然条件下，采用简陋的石器、棍棒等生产工具，从事简单农事活动的农业，也是由采集、狩猎逐步过渡而来的一种近似自然状态的农业，属世界农业发展的最初阶段。原始农业的特征是使用简陋的石制工具，采用粗放的刀耕火种的耕作方法，实行以简单协作为主的集体劳动。

原始农业是中华先祖寻找食物，解决“养生”问题的发端。原始农业拉开了中华养生的序幕。中国的农业历史是从神话故事开始的，我们的原始社会有五大“农神”，对我国的农业起了创世纪的贡献。

4.2.1 女娲、伏羲氏对农业的贡献

女娲氏，是华夏民族人文先始，福佑社稷之正神。女娲人首蛇身，一日中七十化变，以黄泥仿照自己抟土造人，创造人类社会并建立婚姻制度；后因世间天塌地陷，于是熔彩石以补苍天，斩鳌足以立四极，留下了女娲补天的神话传说。

伏羲对人类的最大贡献是：画八卦而定四方，作网罟教民以渔猎。伏羲的贡献具体讲就是：结网罟（捕鱼）、养牺牲（养殖）、兴庖厨（食堂）、作甲历（农历）、兴礼乐（音乐）、服诸夷（穿衣）、定姓氏（姓氏）。

4.2.2 炎帝（神农氏）对农业的贡献

炎帝，烈山氏，又称赤帝，华夏始祖之一，传说中五天帝之一，中国远古时期部落首领。

相传炎帝发明耒耜（lěisì），尝遍百草，发明医药，因此号“神农氏”。他还发明陶器，开辟集市，削木为弓，以威天下，为中华民族的人文初祖。他与黄帝结盟并逐渐形成了华夏族（汉族），因此形成了炎黄子孙。

神农氏对农业的最大贡献是：艺百谷，兴农事，尝百草，群药圃。

（1）培育出五谷、五畜；

（2）中药材驯化。

神农尝“百草”，把它们分为不可食的草和可以食用的菜，而对不宜常食，但可医病的则称之为“草药”。

古籍《尔雅》定义蔬菜为:“凡草可食者,通名为蔬”。可见,谷物、蔬菜、中药源于同一时代,也就是我们所说的“中医与食医是同宗、同祖、同源”。

4.2.3 黄帝对农业的贡献

黄帝(公元前2717年~公元前2599年),古华夏部落联盟首领,中国远古时代华夏民族的共主。居轩辕之丘,也称为“轩辕氏”。

黄帝在农业生产方面有许多创造发明:

(1)轩辕黄帝的功绩之一是“艺五种”。“五种”,是指“黍、稷、菽、麦、稻”五谷。按古史传说神农氏仅能种植黍、稷,而黄帝则能种植多种粮食作物,表明黄帝使当时的原始农业有了进一步的发展。

(2)水井。井的发明,古人也归功于黄帝。

(3)黄帝实行田亩制。黄帝以步丈亩,以防争端,将全国土地重新划分,划成“井”字,中间一块为“公亩”,归政府所有,四周八块为“私田”。私田,由八家合种,收获缴政府。还穿土凿井。对农田实行耕作制,及时播种百谷,发明杵、臼,开辟园、圃,种植果木蔬菜,种桑养蚕,饲养兽禽,进行放牧等。

(4)造农具、定节气。

(5)在医药方面:与岐伯讨论病理,作《黄帝内经》。

《黄帝内经》起源于轩辕黄帝,代代口耳相传,后又经医家、医学理论家联合增补发展创作。一般认为成书于春秋战国时期,为古代医家托轩辕黄帝名之作。《黄帝内经》以黄帝、岐伯、雷公对话和问答的形式阐述病机病理,主张不治已病,而治未病,同时主张养生、摄生、益寿、延年。

《黄帝内经》可以用三个“第一”进行概括:(1)《黄帝内经》是第一部中医理论经典;(2)《黄帝内经》是第一部养生宝典;(3)《黄帝内经》是第一部关于生命的百科全书。

4.2.4 后稷对农业的贡献

后稷:周朝王族的始祖,名弃,出生于稷山(今山西运城稷山县),被称为“稷神”或者“农神”。尧时期被封为“农师”,舜时被封为“后稷”,也就是职业农官。

后稷教民稼穑,树世百谷,五谷熟而民人育。他的最大贡献是“系统农耕技术”。他能认识不同土壤,并懂得拔去杂草,还知道挑选良种。

4.3 中国传统农业的养生思想

中国传统农业在发展过程中,体现和贯穿了中国传统的“天时、地利、人和”的思想理念,融会了自然界各种物质与事物之间相生相克关系的阴阳五行思想;“敬天、养地、崇自然”,讲究“精耕细作,轮种套种,用养结合”,是“农、林、牧”并举的典型有机农业模式。

4.4 现代农业带给我们的困惑

现代农业的发展让我们面临着以下困惑:

(1)生物多样性减弱。世界历史上人类曾栽培过3000余种作物,经传播、交流、淘汰,现在遍及全球的作物约为150种。其中,作为世界主要衣食来源的作物仅有15种。

(2)生态环境恶化,可持续发展受到威胁。

(3)人类文化基础受到削弱。直到传统农业时期,人类主要生活在自然中。现代农业的推进,使绝大多数的劳动者离开了土地,他们不再与活生生的生物打交道,转而同死气沉沉的物质共处,长年累月,人类固有的自然创造力趋于弱化。这是导致现代文化生活失去活力的重要原因。

4.5 养生的最高境界

现代人对《黄帝内经》所提的养生主张总结归纳为:(1)顺其自然;(2)健康长寿靠自己;(3)天人合一。

与《黄帝内经》的养生主张相对应,把养生的形式归纳为如下几点(图6):

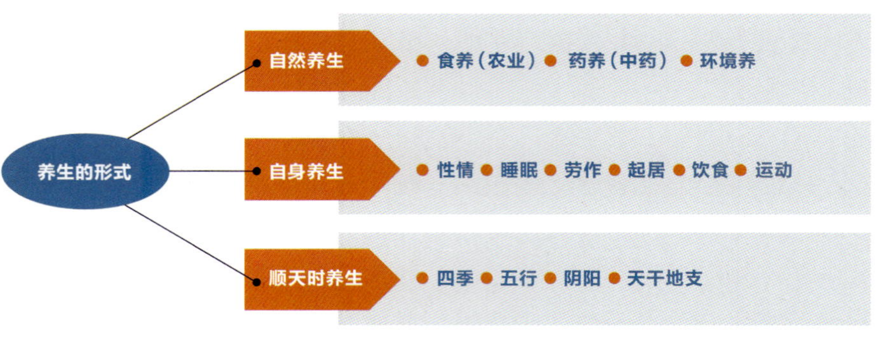

图6 养生的形式

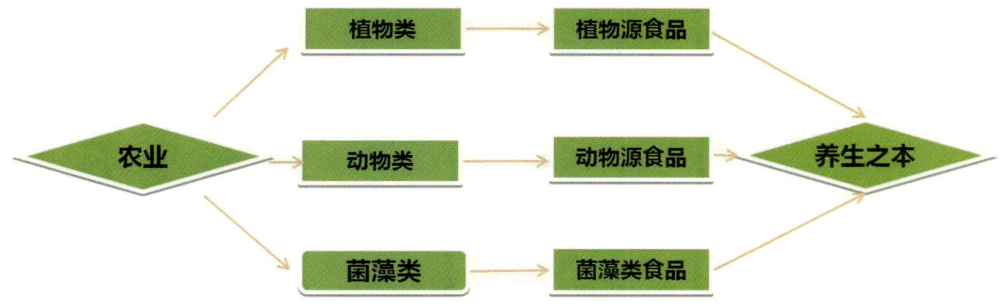

图7 养生农业的内容

4.6 农业与养生

农业养生是自然养生的一种形式，农业养生是现代人类养生之根本。这是因为农业是食物之源，食物是养生之根本，没有“根本”何谈养生？所以说，不管是中医也好，西医也好，离开了“吃”是谈不上养生的。另外，现代中医养生的药材、食材，都是通过农业的生产方式种植出来的，农业种植技术的好坏（标准），成为决定药材是否为“道地药材”、药材有效成分含量多少的关键。

农业既然是自然养生的一种形式，那么，养生农业都包含哪些生产内容呢（图7）？

从上图可以看出：农业生产体系是由动植物、菌藻类（微生物）组成的，通过这个体系，我们可以获得植物源、动物源、菌藻类（食用菌、海藻等）食品。这些食品都是经过祖先冒着死亡的危险以身尝试换来的，它们构成了我们活命、健康的根本。人类现在应该做的（过去丢弃了的）就是要找回那些最具养生时效、最具能量养生物种，通过物种生产出食物，再通过组合配伍，达到最佳养生目标，也就是农业的最终目标：“吃什么？给谁吃？怎样吃？”的问题。

5 养生农业体系的构建

通过对“养生”与“农业”关系的分析，结合《黄帝内经》的养生主张及北京养生文化创意产业协会赵立冬会长提出的养生农业概念，我认为：养生农业是休闲农业的一个重要组成部分。它是以中国农耕文化、游牧文化、养生文化为指导思想，挖掘人类特色农业品种（已发现、未发现），采用传统农业、有机农业、生态农业等生产方式，去获得农林种植、养殖、渔业水产、中医药材等特色养生食物来源，并通过中华饮食养生、健康养生等科学方法，为人们提供以养生为目的的一种农业生产模式。未来的“养生农业”应该是一种古老的、朴素的、文化的、具有循环力的、可持续发展的健康态的农业。

我们判断一种农业类型是否能够符合农业体系的分类，关键在于其是否具有理论体系、是否具有生产实践的可操作性，是否具有创新性。从原始到现今，我认为农业是最具有文化和智慧的一个行业，养生农业不仅仅是一种创意农业，更是可实操农业，因此可以构建其系统的理论体系、生产体系、服务体系和运营体系。

5.1 养生农业的理论体系

（1）《黄帝内经·素问》中提出的“五谷为养，五果为助，五畜为益，五菜为充，气味合而服之，以补精益气”的论述，既是医学方面不可忽视的至理名言，也是指导人们饮食养生的重要原则。

（2）“四气、五味”学说提出，食物有“四气”“五味”，即寒、热、温、凉和辛、甘、酸、苦、咸。讲究食物的气味（性味）和功能，熟练地驾驭饮食疗法，因时、因地、因人制宜地进食某些食物，既能祛病，又能健身、长寿，是指导人们饮食疗法的重要基础。

（3）“五行”学说指出，各种食

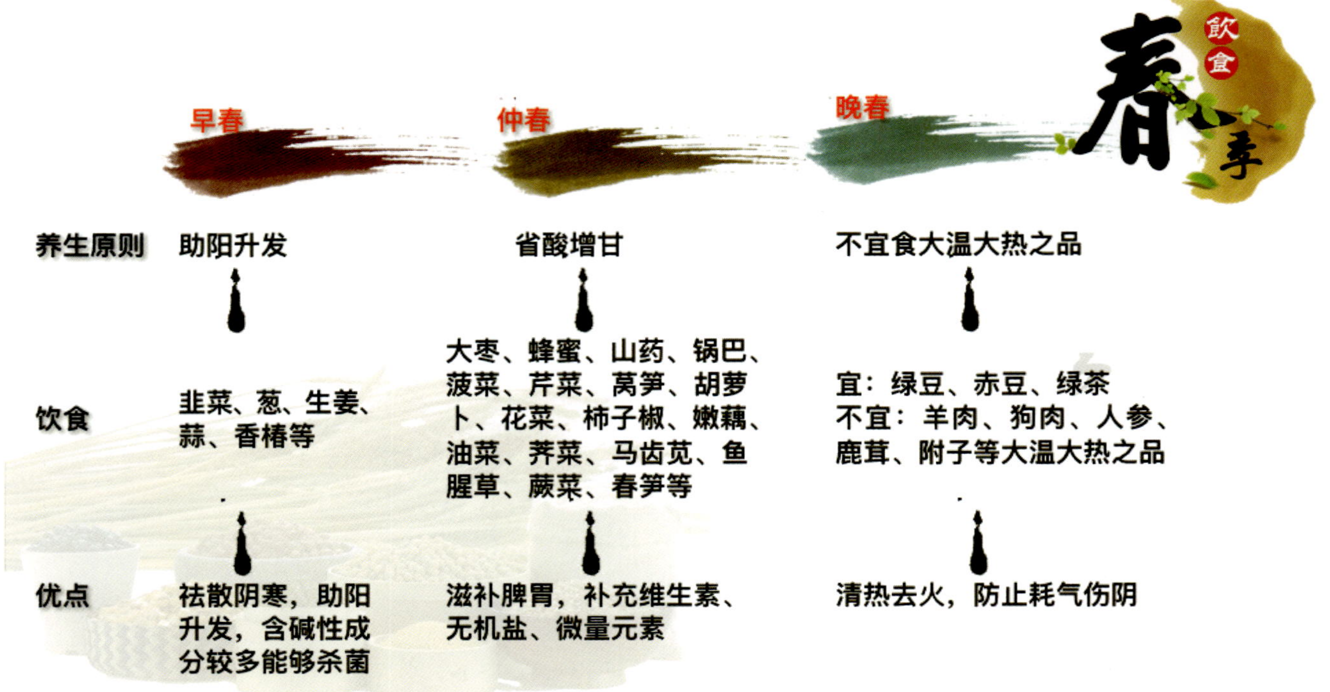

图8 春季饮食设计

物都与“火、木、水、土、金”相对应，也与人体五脏相生相克，农业（食物）的五行学说，是指导人们顺应天时地利，种植各种农作物、饲养各色畜禽、发展特色品种，提高农业收益，实现农业养生的重要手段。

（4）现代营养学理论以为，营养学是在植物学、动物学、人体学基础上发展起来的，是研究机体与食物之间关系的一门学科。营养学根据人体对营养物质的需要量，分为宏量元素、常量元素、微量元素等，它们是通过现代技术手段检验养生食物营养的标准之一。

5.2 养生农业生产体系

养生农业生产体系主要有以下几个方面：（1）作物种植体系：泛指传统的五谷、五果、五菜种植。（2）畜牧养殖体系：泛指传统的“五畜”，以及水产、特种养殖等；（3）中药材生产体系：人工栽培中药材，侧重于药食同源的中药材。

5.2.1 养生“五谷”生产体系

（1）五谷的内容

《周礼·天官·疾医》：“以五味、五谷、五药养其病。”

郑玄注：“五谷，麻、黍、稷、麦、豆也”。

（2）五谷的养生价值

神农尝百草时选择“食谷”作为中华民族的主食来源，充满了极高的智慧和创新。

众所周知，自然界所有的食物都是一种能量转化。五谷在自然界极易获得，又容易繁殖，虽然不如肉类品质高，但能从总量上满足日益增多的人类生存需要。谷物都是植物的种子，而种子里面具备旺盛的生命力，浓缩了植物的所有精华。种子具有完备的四季之气，升降浮沉四气均平，气平以养生，因此我们祖先有智慧，将之定为主食，有其深刻的内涵！

谷物中的四季之气也叫“阳气”。也就是说，我们吃主食的时候，不仅吃了各种化学分析出的营养物质，还吃了粮食的“阳气”。衡量一种食品是否营养充足，不仅要看其化学物质组成，还要体察其“气”是否均衡。不同的植物“气”不同，寒热温凉各有所偏，这用化学手段是检验不出来的。《素问·藏气法时论》“五谷为养”就是这个道理。

5.2.2 养生“五果”生产体系

（1）五果的内容

“素问”指出“五果为助”。五果指的是大枣、栗、桃、杏、李。与五味相对应的是枣甘、李酸、栗咸、杏苦、桃辛。五果者，以五味五色配五脏。

（2）五果的养生价值

《黄帝内经》中提出“五果为助”的主张，这是因为“五果”具有辅助五谷精气和辅助五菜疏通壅滞的作用，是由草本与木本植物及其种子的差异性决定的，也是由果实的生理功能决定的。养生“五果”生产体系的建立，不仅要挖掘传统五果的养生文化价值，更需要寻找特色的、养生价值更高的果树品种，研究出对人类健康有利的“五果”养生方案。

5.2.3 养生“五畜”生产体系

（1）五畜的内容

“五畜”，泛指“牛、犬、羊、猪、鸡”等禽畜肉食。“五畜”食物与五性对应，“牛甘，犬酸，猪咸，羊苦，鸡辛”。

（2）五畜的养生作用

五畜在人的生命活动中，有增进精气的作用。从积极的一面来说，可使人的形体彪悍、免疫力强，说明五畜能够增进精气，利于强健身体；从消极的一面，食肉过多容易发生内脏类疾病。养生“五畜”的生产体系建设需要在传统“五畜”养生研究的基础上，挖掘出更多、更具养生价值的“五畜”品种，为人类的健康长寿服务。

5.2.4 养生“五菜”生产体系

（1）五菜的内容

五菜指葵、韭、藿、薤、葱。《素问·藏气法时论》：“五菜为充。”王冰注：“谓葵、藿、薤、葱、韭也。”《灵枢经·五味》：“五菜：葵甘，韭酸，藿咸，薤苦，葱辛。”

（2）五菜的养生价值

《本草纲目》述：“谨和饮食五味，脏腑以通，血气以流，骨正筋柔，腠理以密，寿命可以长久……菜之于人，补非小也。”《说文》：“菜，草之可食者。”多吃蔬菜，不仅可以增加纤维素，有利于肠道蠕动；而且可以增加维生素，人体必需的维生素C的90%、维生素A的60%都来自蔬菜。我们进行养生“五菜”生产体系建设就是要挖掘传统“五菜”的养生价值、文化价值，挖掘更多的养生“五菜”为民所用。

5.2.5 药食同源的中药材生产体系

（1）药食同源的内容

在中医药学的传统之中，论药与食的关系是既有同处，亦有异处。但从发展过程来看，远古时代是同源的，后经几千年的发展，药食分化，若再往今后的前景看，也可能返璞归真，以食为药，以食代药。《淮南子·修务训》称：“神农尝百草之滋味，水泉之甘苦，令民知所避就。当此之时，一日而遇七十毒。”可见神农时代药与食不分，无毒者可就，有毒者当避。

中药和食物的来源是相同的，同样来源于自然界的动物、植物及部分矿物质。其中的大部分东西，既有治病的作用，同样也能当作饮食之用，叫做药食两用。由于它们都有治病功能，所以药物和食物的界限不是十分清楚的。

（2）可种植的“药食同源”植物

根据“卫生部公布的既是食品又是中药材的物质目录”（2013版）记载，有丁香、八角茴香、刀豆、小茴香、小蓟、山药、山楂、马齿苋、乌梅、木瓜、火麻仁等。

药食同源的养生中药材生产体系建设，能够汇聚中国农林业的植物资源，完善我们的养生农业体系建设。

5.3 养生农业服务体系

养生农业服务体系主要是指利用养生农业的资源要素，围绕着“健康养生”这个核心，为社会人群而设计的一系列养生服务项目、服务产品。

（1）养生餐饮：将养生生产体系获得的养生食材，依据四季时空、物候特点、人的生理特点、养生的原则等条件，来进行饮食设计，通过科学烹饪的方法，制作养生餐饮或饮品。如，我们给天毓山庄设计的春季养生餐饮的设计理念和内容如图8。

山庄的厨师经过培训后，就可以根据园区的食材，为食客及养生人群烹饪出科学的、味道鲜美的养生餐饮。

（2）养生保健：包括针灸、推拿、按摩、刮痧、温泉浴等各种养生手法。养生保健服务是在具备中医门诊服务经营条件，有养生养老服务的农业园区、农场或农庄，设置的一些中医养生保健服务。其服务对象是长期或者中短期在农业休闲园区（农场、农庄）进行休闲度假、养生旅游的人群。

（3）养生食品：包括各类有机、天然、生态养生食品。养生食品是农业园区（农场、农庄）自身生产的应时、应季的鲜食蔬菜、水果；或者经过国家认可的检测机构认证的有机杂粮、杂豆等耐储存的农产品；或者园区及周边山区林场经过天然采集的生态食品。

（4）养生环境：是指在农业园区、农场、山庄，以及美丽乡村农家庭院等场景中，为客户提供的养生居住、劳作体验等配套的生活环境。

图9 门头沟黄芩仙谷部分养生服务区

5.4 养生农业实现方式

农业养生可以在养生农业园、农场、农庄、休闲度假区、旅游景区、养生会所等场所，通过养生农业的几个体系来实现。如，门头沟黄芩仙谷健康养生农业示范园在进行黄芩中药材生产的基础上，开发了黄芩茶系列养生农产品，还增加了中老年高知养生园、健康养生服务中心等配套养生服务项目，通过植入养生农业，使这个国家3A级旅游景区的产业得到了升级，盈利模式也达到了多元化（图9）。

农业养生可以因时因地，进行单一养生的方式，也可以通过综合的方式去实现。

济南市商河县沙河乡人民政府借助“大沙河休闲景观带”打造工程，结合当地白莲藕产业与中草药的园艺化的栽培，加入了“中医养生健康馆”、养生餐饮等养生服务内容，构建了农业与中医药健康养生的融合发展模式。

农业养生最终通过满足人类的视觉、味觉、嗅觉、听觉、冥想、触觉等六大需求方式去实现。

5.5 养生农业未来研究的方向

（1）挖掘中华民族养生农业的历史、文化，构建养生农业体系（包括养生农业概念、农业与养生关系、农业养生形态、养生农业实现、养生农业技术、养生食品开发等）。

（2）推动养生农业科技进步、成果交流与转化，集成各类养生资源，共同研讨食品安全与食品结构、食物与养生的关系，促进人类健康长寿。

（3）建立养生农业生产的种质资源品种库，进行养生“五谷、五菜、五畜、五果”的食物价值的深入研究。在农产品品质、生物多样性、食品安全、环境资源、养生农业生产方式等方面与农业学科外的不同机构开展广泛的合作与交流，增强我国养生农业的创新能力。

5.6 农业养生未来服务的目标

笔者认为，农业养生未来服务的目标主要有以下几点：

（1）为国内特色农业园区、农场、农庄、基地等提供传统养生农业、种养殖品种；

（2）为国内养生农业园区提供配套的规划、培训服务；

（3）提供养生农业中先进的农业技术服务；

（4）提供养生餐饮、中医养生等服务项目的设计；

（5）提高养生农产品销售；

（6）为养生农业、农业养生提供培训与交流平台。

参考文献

[1]赵立冬. 养生农业概念的创意[EB/OL]. 人民网，2012－5－25.

[2]中国国学网“说文解字”.

[3]刘国栋. 涿水居养生农业园详细规划，2012－12.

[4]王燕. 国内外养生旅游基础理论的比较[J]. 技术经济与管理研究，2008（3）：109－110.

浅谈中医药健康旅游业中的药膳

Medicated Diet in Traditional Chinese Medicine Health Tourism

文 / 战嘉怡　王云璋

【摘 要】

饮食居旅游要素首位，而药膳又是中国特色的传统的养生智慧，本文阐述了药膳在中医药健康旅游中体现的价值，并全方位地介绍了药膳的食养作用、在项目运作中的实际运作方法。

【关键词】

饮食文化；中国药膳文化；中医药健康旅游；食养项目设计

【作者简介】

战嘉怡　北京市中药研究所原副所长、科研项目部主任

王云璋　北京百草盛宴科技有限公司总经理

1 饮食居旅游要素首位

民以食为天，旅以食为先。在“吃、住、行、游、购、娱”的旅游六要素中，饮食位于第一，但恰恰是我国旅游业中做得最不理想的一项。

“吃”有“吃饱”“吃好”和“吃出文化”之分。吃饱是果腹充饥，吃好是物质享受，而吃出文化则是物质与精神的双重享受。由于我国的大众旅游还处于初始阶段，游客追逐低位价格，旅行社难为无米之炊，故外出旅游就餐时常听到导游一句话“管吃饱，管不了吃好啊”。

对旅游者来说，游览异地山川名胜固然是主要目标，但富有当地特色的饮食文化也应是旅游的重要内容之一。好的旅游者往往都是美食家，把饮食文化作为重要的旅游内容。在国际旅游消费中，饮食消费仅次于购物消费，居第二位。饮食文化对旅游业有着潜在的多重促进功能。

（1）饮食文化是旅游业重要组成部分。旅游实际上是一种物质和精神的综合性活动，而含有物质、精神双重内容的饮食文化与旅游的需求相吻合，完全可以成为旅游业的重要组成部分。

（2）饮食文化可以丰富旅游活动的内容。游客出门，总希望能多游览些景观，多领略些风土人情。有文化的饮食既能饱口福饱眼福饱耳福，也补充了身体需求、满足了心理愿望，一举两得，从而使旅途生活大大丰富。

（3）饮食文化可以提升旅游活动的品位。随着社会的进步和人们素质的提高，旅游对文化含量的要求也越来越高，而与其他文化相比，饮食文化更能普遍引起人们的兴趣并易为人们理解和接受，提升旅游活动品位的作用明显。

（4）饮食文化可以增加旅游经营的效益。旅游经营的目的是获取经济效益，旅游地的特色菜肴、文化氛围、良好的服务，会招徕更多的游客，给旅游经营各个环节增加收入，是旅游效益中潜在的经济增长点。

（5）饮食文化是一个地方的名片。优秀的饮食文化是一个地方的文化和特色，会给游客留下深刻的印象，犹如一张名片，有着 logo 效应。

2 药膳是饮食文化的重要部分

2.1 药膳在饮食业中的地位

中国饮食文化也是祖国文化宝库中一朵奇葩。炒、烩、烧、炖、烙、煮、蒸、煎、炸、爆、溜、拌、炮、酱、冻、卤、糟、醉、烹，演绎出成千上万的美味佳肴，形成鲁菜、川菜、苏菜、粤菜、浙菜、闽菜、湘菜和徽菜八大菜系，还有本帮菜、清真菜、京菜、东北菜、赣菜、鄂菜、客家菜等，代表了各地色、香、味、形俱佳的传统特色烹饪技艺。

药膳在中华菜系中亦占有一席之地。医食兼用，刊于医书则为药，载于食谱便是美食。在高厨手中可烹成佳肴珍馐，在良医手中可制成灵丹妙药，在药膳大师手中又可制成药膳佳品，既养生又疗疾。

药膳是中华美食与中医药最早

图1 各种美味药膳汤

图2 中药原料

的跨界融合，是中华文化瑰宝的双重体现（图 1）。

2.2 中国药膳文化的渊源

药膳是中华民族的宝贵文化，渊源于远古，形成于秦汉，成熟于唐宋，昌盛于明清，自宫廷到民间，流传广泛。数千年来，药膳食疗为中华民族的繁衍昌盛及人类的健康长寿做出了卓越的贡献。

药膳的应用见于远古时代，那时食药界限并不严格，神农既是农业鼻祖也是中医药的始祖。《淮南子·修务训》载："神农乃始教民播种五谷，相土地宜燥温肥沃高下，尝百草之滋味，水泉之甘苦，令民知避就。当此之时，一日而遇七十毒。"公元前 17 世纪，中国商朝丞相伊尹既是中华厨祖，也是中药汤剂发明者，奠定了"食为药之基础"。《通鉴》曰："伊尹……悯生民之疾苦，作汤液本草，明寒热温凉之性，苦甘辛咸之味，轻清重浊、阴阳升降……今医言物性，皆祖伊尹。"《黄帝内经》载："毒药攻邪，五谷为养，五果为助，五畜为益，五菜为充。气味合而服之，以补养精气。"用之充饥则谓之食，以其疗病谓之药，这是食养、食疗的最初记载。《周礼·天官篇》载，3000 多年前人们就认识到食疗的重要作用，将医生分为食医、疾医、疡医、兽医四类，并明确提出以"食医"为先。"食医"专门负责管理周王膳食，类似于现代临床营养医生。《神农本草经》共载上药，举凡 120 种，皆为无毒可食之品，不伤人，可以久服多服，称之"养命以应天"。汉代张仲景以治疗重症、急症著称，所著《伤寒杂病论》《金匮要略方论》中有采用白虎汤、桃花汤、当归生姜羊肉汤、甘麦大枣汤等大量的饮食调养方法配合用药治疗的记载，开创了药物与食物相结合治疗重、急症的先例。

1400 多年前，唐代孙思邈《千金要方》载，"食治篇"："安身之本，必资于食……不知食宜者，不足以存生也"；"夫为医者，当须先洞晓病源，知其所犯，以食治之，食疗不愈，然后命药"；"药性刚烈，犹若御兵、兵之猛暴、岂容妄发。发用乖宜，损伤处众。药之投疾，殃滥亦然"。孙思邈弟子孟诜集前人之大成，编纂了我国历史上第一部食疗学专著《食疗本草》。元代御医忽思慧编著的我国最早的营养学专著《饮膳正要》收载食物 203 种，首次从营养学角度强调正常人应加强饮食、营养的摄取以预防疾病。明代李时珍著《本草纲目》所记药物有"谷米、蔬果、鱼虫、禽兽"四大门类，其中多是些日常的食物。从汉初至明末，有关药膳的著作达 300 多部。中医学理论认为脾胃是人体的后天之本，经饮食调理以保养脾胃是养生延年的好方法。"上工治未病""三分医药七分养""药补不如食补"等理念为人们广泛接受。

3 药膳的原料与形态

3.1 药膳的原料

药膳的原料分为食物、中药和药食两兼者三部分。

（1）食物原料

中医理论认为药物具有四性（寒、热、温、凉）与五味（辛、苦、甘、酸、咸），食物亦然，也有其性味与功效。孙思邈说“食能排邪而安脏腑，悦神爽志以资血气，若能用食平疴释情遣疾，可谓良工”，“夫为医者，当须先洞晓病源，知其所犯，以食治之，食疗不愈，然后命药”。

药膳的食物原料种类广泛，谷物、薯芋、豆类、蔬菜、野菜，禽肉、兽肉、鱼类、龟鳖、蚌蛤、蟹虾、虫蛇，水果、干果、野果等。除此之外，调味品、香料、茶等也是药膳的食物原料，但在选择时一定要尽量考虑营养好、口感好、色香兼备等因素。

（2）中药原料

中药原料除考虑其功能外，应有较好的口感，一般应具备以下特点：①原料中药或经过制备、烹饪必须无毒性和药性温和，如枸杞子、人参、冬虫夏草等。②原料中药或经制备、烹饪的中药具有可食性，如党参、山药、茯苓等；或者原料中药有耐闻的香气，可以遮掩其他中药的气味，如小茴香、八角、砂仁、草果、桂皮等。用于药膳的中药多来自于补益药、化湿健脾药、消导健脾药、温里祛寒药等（图 2)。

（3）药食同物

药食同物的原料既能起到营养作用，又有药物调节作用，在药膳中具有双重性质，如龙眼、大枣、乌梅、蜂蜜、燕窝、薏苡仁等。

3.2 药膳的载体形态

药膳的载体形态具体见表 1。

4 药膳的分类

4.1 药膳的特征

药膳除了具有餐饮产品的一般特征外，还具有自己的特点。

（1）注重整体，辨证施食

运用药膳时，首先要全面分析食客的体质、健康状况，以及季节时令、地理环境等情况，然后再确定相应的膳谱。

（2）防治兼宜，效果显著

药膳既可疗疾治病，又可强身防病，这是药膳有别于药物治疗之处。药膳虽多平和之品，但其防治疾病、健身强体和保健养生的效果却是显著的。有人用山药、莲子、山楂等制成“八珍粉”给幼儿食用，经统计，30 天后食欲增加者占 97 %，生长发育也有改善。

（3）良药可口，服食方便

药膳原材料多采用食物或药食同物之品，“食藉药力，药助食成”。即使加入药材，由于注意了药物性味的选择，并通过与食物的调配及精细的烹调，变“良药苦口”为“良药可口”。如果将药膳制成成品，则服食更为方便。

4.2 药膳的分类

在诸多文献中，食养、食疗、药膳三个概念不够明确，往往混用。有人认为应以原料划分，以食物为原料则为食养，以药食同物为原料为食疗，以药物为原料则为药膳。

笔者认为药膳应是一个大概念，其中包括了食养餐和食疗餐。食养、食疗的划分也不应以原料为条件，而应以诉求为前提。也就是说，选用的原料无论是食物，还是药食同物或药物，只要是以保健、长寿、美容等养生为目的的则为食养，而以辅助治疗、慢病调理为目的的则为食疗。食疗也包括病人食物的宜忌（表 2)。

5 药膳的制作原则与要点

5.1 药膳的配方原则

（1）药膳要在中医理论指导下应用，注重组方的君臣佐使关系及用量，以相互协调和制约，使之发挥更大作用。

（2）膳食的调配要使药膳既有中药的特点又符合膳食的要求，有色、香、味、形、质等方面的美感和口感，以保证客人的食欲。

5.2 药膳的烹制

药膳的烹制与一般食物烹制不同，除了运用一般的烹制操作技能进行精细调配制作外，还要掌握中药的特性和炮制技术，使之在烹制出色、香、味、形俱佳的美食时，也充分发挥其应有的性能和疗效。

表1 药膳的载体形态

类别		采用原料	诉求	人群
药膳	类别	食物、药食同物、药物	养生保健	健康、亚健康
	食疗	食物、药食同物、药物	治疗、辅助治疗	病人

表2 药膳的载体形态

载体形态	制作方法
食物	如谷物、水果、干果、蔬菜、调料、禽兽、水产品等
鲜汁	将新鲜水果等与食用中药或某些新鲜中药材一起洗净、压榨出的汁，如五汁饮中的荸荠汁、鲜芦根汁、鲜藕汁、梨汁、鲜麦冬汁
茶	药材饮片直接或粉碎混合制成药茶，如番泻叶通便茶；或新鲜药材，或食物泡茶，如姜糖茶
酒	药膳食材浸泡酒中，用浸渍法或渗漉法制备成药酒
粥	药膳谷物直接煮粥，如百合、薏苡仁、绿豆等；或将药膳材料添加在米粥中，如大枣莲子粥、山药羊肉粥等
蜜膏	将药膳原料加水煎煮，去渣、取汁、浓缩、加蜂蜜或蔗糖而制成的稠厚状半流体制剂，如加味贝母梨膏
糕饼	将药膳原料研末，与米粉、麦粉或豆粉相混，或加适量白糖、食油等做成蒸糕，如八珍糕，或烙、烘烤制成饼
菜肴	用药膳原料或食物材料制成具有治疗或保健作用的荤素菜肴，如归杞甲鱼；其他尚有饭、羹、馄饨、糖果等

药物与食物的混合方法有多种，一是将干或鲜药材饮片直接与食物同用，如杞子炒虾仁、人参炖鸡、洋参炖鸽汤等；二是将中药材加工成粉末，或煎取液汁代水，如十全大补鸡、三七炖鸡等(图 3)。

5.3 药膳中药材的用量

确定药膳中药材的用量不能一概而论，应根据食用者的情况、烹制方式和药材的品种来定。如果是用于养生保健，用量可适当小一些，若用于疾病的辅助治疗，则用量可大些。原则上不超过药典规定的生药最大日用量。

6 药膳在中医药健康旅游中的作用

6.1 药膳的康养属性

既然中医药健康旅游是以养生、医疗、保健为吸引物，那么除了体检、健身、灵修、运动等项目外，养生药膳当必不可少。“医食同源”，“药膳同功”，自古中国饮食文化和医疗保健就有密切的联系，人们向来重视“医食同源”，“药膳合一”，利用食物原料的药用价值烹成各种膳食，在享用美味佳肴的同时，达到对疾病防治的目的。可见药膳具有独特的康养属性，不是简单的一日三餐。中国医学科学院北京药用植物研究所，在园内设有药膳餐厅，游客在浏览了药用植物种植园后，可以品尝养生药膳，深受游客喜欢。胡庆余堂中药博物馆设有药膳餐厅，依其百年老店特有的中医优势，集我国强身益寿的宫廷秘方与皇宫御膳为一体，寓药于食、寓性于味，融药物功效与食物美味于一体，游客在受博物馆中医药文化熏陶后再用舌尖领略一番，无不交口称赞。所以说，中医药养生为目的的主题旅游，如果缺少药膳元素，那将会减色不少。

6.2 药膳的文化属性

药膳是中华民族祖先遗留下来的宝贵文化遗产，文化蕴涵深厚，在品尝药膳的同时，可以领略博大精深的中医药文化与养生知识。如有一道药膳，叫做“葛根炖鸡汤”，这里就有一个故事。相传汉代一户婆媳不和，常因小事争吵不休，一日儿媳心生歹念，求华佗给她婆婆一副慢性毒药，且死后查不出死因，华佗出一方：“葛根熬鸡汤，每日服三次，用心伺候好，百日见阎王。”华佗嘱儿媳要亲侍婆婆服药，和颜悦色免其生疑，百日不可中断。自此婆婆天天喝鸡汤，见儿媳不再恶语，抢做家务，谦让餐食，也改变了对儿媳的态度，疼爱有加，婆媳和睦。百日临近，儿媳不舍婆婆前求解药，华佗复出一方：“葛根熬鸡汤，解毒最灵光，每日服三次，长寿又健康！”儿媳幡然醒悟。葛根味甘性凉，自古作为滋补药，有“千年人参”之说。

陈皮小排骨

菊花虾仁

荠菜小包子

图3 药膳美食

取葛根一段，母鸡半只，加姜片、陈皮等佐料烹制，常食能调节人体机能，增强体质，提高机体抗病能力。

6.3 药膳饮食的延伸服务

药膳还可以延伸开发，做成系列化的便于携带的商品，进一步提高游客伴手礼购物比重，加快"养生药膳"的传播，增加旅游地的收益。如玛卡糖、苦荞茶、健脾茶、石斛酒、茯苓饼、乌梅饮、地灵腌菜等，把它们包装成当地特色旅游商品。在餐厅可设置食品超市，出售自己研发的当地特色的药膳饮料 、养生药酒 、保健茶类 、药膳罐头 、药膳糕点、药膳羹类等。

6.4 药膳在养生旅游业的现状与存在问题

（1）缺乏菜系特色

中国各菜系各有特色，譬如湘菜的辣、川菜的麻、粤菜的鲜、江浙菜的甜、贵州菜的酸、御膳的讲究等。而药膳虽在中华膳食中占有一席之地，可在历史上，却是有药膳名菜，无药膳名师（中国现在的药膳大师近年由中国药膳研究会评定），并未形成自成一体的风味菜系。

（2）理论研究不够

尽管中国的中医药工作者开始注重食疗药膳学术理论的发掘、整理、研究和实际应用开发，《中国药膳大全》《中国食疗学》《饮食疗法》《中华食物疗法大全》《中国食疗大典》等食疗药膳专著陆续问世，但仍缺乏系统的理论基础研究，并未形成业内公认标准。

（3）用膳缺少中医理论指导

严格地讲，药膳无论食养还是食疗，都应当针对人体的具体状况，"辩证施吃"才对。如人体大病之后，机体衰弱，可用扶正固本的参芪煲汤等；若患有慢性病而气血两虚者，可用猪肚红枣羹、玫瑰花烤羊心等；平常表现有阳虚者，可选用当归炖羊肉、良姜炖鸡肉等；阴虚表现者可采取滋阴之品，如沙参玉竹粥等。由于少有中医工作者参与餐饮业，药膳普遍存在"乱吃"现象，将药膳像普通餐食一样吃，不论你是气虚血虚、阴虚阳虚、寒证热证，统统都吃一桌菜，要么"菜不对症"，要么"适得其反"。

延年益寿类、养颜美容类、减肥瘦身类、强身健体类、滋补养生类、补肾壮阳类、益智安神类、乌发明目类等药膳，这些是以小众为目标，针对特定人群的。

四季养生药膳是针对季节变化对人体的影响而选药，面向人群广泛，因此适于健康旅游业。如夏季为防中暑，可用绿豆粥之类，既清热又防暑湿；秋季为改善呼吸道，可用百合、贝母、杏仁类膳食；冬季寒冷，可用当归黄芪羊肉药膳以御寒而增强机体抵抗力。

（4）药膳缺少品牌意识

面对当前的信息时代，药膳运营几乎都停留在传统餐饮业状态，无商标、无品牌、无标准、无 logo、无宣传、无知识产权保护等。许多口碑很好的药膳都是以普通菜肴的身份混迹于餐馆酒楼，如“黄芪八宝鸡”“陈皮兔肉”“八宝莲子粥”“八珍糕”“茯苓豆沙糕”等。好酒也怕巷子深，如果药膳还是目前的状态，不按现代企业管理方式去运营，就很难做好、做大、做强。

7 药膳食养项目运作建议

7.1 菜品设计要有品牌战略意识

中华药膳已有很多年的积累，有着大量成熟的菜品，只要选择、引进即可。但是如果单一仿制外地菜品，就无法形成当地特色，这对外地游客的吸引度会下降。

饮食文化具有强烈的地域性、民族性，往往为一个国家或地区所独有，很难模仿和复制。如此竞争中就减少了可比性，具有垄断的地位，易于形成强有力的竞争能力，也易于创出自己的特色和品牌，众多旅游者就是为追求这些而来。

对当地土菜进行挖掘，对菜肴的用料、烹制、营养、特点以及传说典故等进行认真的归纳整理，赋予食疗食养内涵并进行改良和提升品质，形成特色药膳。饮食文化的品牌战略是旅游竞争中的无形法宝，更是促使旅游业走上可持续发展道路的宝贵资源。

7.2 酒楼的命名

酒楼命名主题选用食养、食疗、药膳三个词汇中任何一个，都无法准确体现全部内涵与定位，在国家行政部门允许的范围内，可以以“养生”为主题。“养生”覆盖面较广，如“养生菜馆”“养生美食汇”等。

7.3 餐厅环境的设计

（1）药膳餐厅要营造药膳文化氛围，如神农、孙思邈画像，具食疗价值的谷物果蔬画作，食疗养生诗句的书法等。如元代忽思慧《饮膳正要》养生名句：“先饥而食，食勿令饱；先渴而饮，饮勿令过。食欲数而少，不欲顿而多。”

（2）体现当地风土人情，如风景摄影、农民画、本土的工艺品挂件与摆件等。

（3）员工着装也是餐厅一个亮点，服务员应着具有特色的服装。

（4）餐具要认真筛选，相得益彰的餐具可以大大提高菜品的形象。

（5）菜单是顾客了解菜品的第一手资料，药膳菜单设计要有新思路。

（6）餐厅要有 CI 设计，装潢、菜单、餐纸、箸套等应有餐厅的店徽标志。

（7)餐厅可置背景音乐,以 5 ~ 7 分贝为宜 。

7.4 对食材、配料、调料质量的要求

为保证药膳安全、品质良好，食材、配料等最低要求达到无公害级别，调料最低要求无添加剂、少添加剂。

7.5 多种路径强化宣传

（1）文化餐饮店必须有自己的文化理念，如台北市帝王轩，是一家食补药膳专卖店，它提倡的文化理念是“以药膳吃出健康、将药膳融入生活化”。我们可以提出“吃出健康的养生药膳”、“请我吃大餐，不如请我吃药膳”、“吃出美丽、吃出健康”等。

（2）印制宣传册，录制影像视频等，面向高端游客、高端会议等目标进行宣传推广。

（3）印制精美餐卡（一面有养生知识，一面有膳食介绍），为客人就餐时鉴赏收集。

（4）针对旅行团，开设食疗养生知识讲座，如《养生食为先》《中华食疗历史》《谷物果蔬里的小药箱》《慢性病的食疗方案》等，同时结合食疗品鉴体验活动，起到推介作用。

（5）举办“养生药膳节”，造势宣传，扩大影响。制作“养生药膳”系列节目，宣传深入百姓家庭。

8 药膳主题餐厅的差异化设计

目前绝大多数药膳餐厅存在的主要问题是菜肴味道不好、菜品不丰富、缺乏养生酒水配套、没有选餐指导、没有养生知识介绍、生搬硬套、照本宣科、没有延伸服务，等等。因此，开办药膳主题餐厅应注意以下几点。

8.1 菜品的差异化设计

（1）根据食养人群的需要，药膳菜单可设计为：①滋补类检索：延年益寿类、养颜美容类、减肥瘦身类、强身健体类、滋补养生类、补肾壮阳类、益智安神类、乌发明目类、抗癌防病类等。②四季养生

检索：春季养生类、夏季养生类、秋季养生类、冬季养生类、四季通用类。③人群类检索：青少年类、中年男性类、中年女性类、老年类、孕产妇类等。

（2）根据食疗人群的需要，药膳菜单可设计为：①证型类检索：寒性体质类、热性体质类、气虚类、血虚类、阴虚类、阳虚类等；②疾病类检索：亚健康类、呼吸系统疾病类、消化系统疾病类、泌尿生殖系统疾病类、神经系统疾病类、内分泌系统疾病类等。

（3）药膳设计讲求与天地相应、与人相应、与病证相应的原则，因天地用膳、因人用膳、因证用膳。①与天地相应。根据四季、地域、气候之异同而选用不同的膳食。②与人相应。健康人群也有各自的体质特点，“治寒以热，治热以寒”，要结合个人的体质特点选择相应的膳食。如人参药性偏湿热，适于补气，可用于脾虚等症，却不宜为阳热体质或某些慢性病人服用；又如胖人多阴盛阳衰，不宜进补银耳、燕窝、玉竹、虫草、龟板等滋阴之品；而瘦人多阴虚阳亢，不可多食杜仲、蛤蚧、羊肉、狗肉等温热壮阳之物。③与病证相应。中医讲辨证施治，药膳的应用也要在辨证的基础上选料配伍，只有因证用料，才能发挥药膳的保健作用。如血虚的病人多选用补血的食物大枣、花生等；阴虚的病人多选用枸杞、百合、麦冬等。

（4）药膳设计不仅局限于菜肴，还包括汤、粥、膏、糕点、茶、饮、酒等。这些都可以自制，吃药膳、喝药饮，品药茶、饮药酒，将茶文化、酒文化融入其中，形成餐厅配套酒水等食品，在同业竞争中体现自己的优势。

8.2 服务上的差异化设计

（1）服务人员的优秀服务，可深化顾客对药膳主题餐厅的印象，药膳餐厅的服务员应该经过严格的培训，需要掌握各种中药原材料的性能、补益作用、食用季节、配伍方法等，每道菜都能介绍其来历和典故，解释其养生作用，指导客人选择相适宜的菜品。

（2）辩证施食，对症下菜。中国药膳产品具有“注重整体，辨证施食”的特点，对于不同的顾客，不同的体质、不同的季节就需要消费不同的药膳产品。有条件的药膳餐厅不妨设立个体化服务项目，如：①设立咨询台，由营养师、药膳师或中医师根据客人需求和客人体质，给出建议菜谱，做到食之有效。②设计体质属性自我判断评价软件，选择填写问卷（或填写纸质表格由服务人员录入），电脑分析后给出推荐菜谱。

（3）应用现代网络技术，开通网站，建立餐厅APP平台与微信公众号等，提升餐厅服务，吸引年轻客人。①手机点菜，使菜谱图片、菜肴功效、适应体质等一目了然。②填写体质属性自我判断问卷可在手机上完成。③开通网络会员专区，客人在网络上和营养师、药膳师可互动。④收集客人相关信息，为客人建立养生保健的档案，根据客人个体情况针对性地制定个性菜单或周期性的滋补计划，让客人周期性光顾餐厅，实现可持续发展。⑤通过网络还可提供在线咨询、远程点菜、预约排队等服务。

9 结束语

目前，国家对中医药健康服务业的支持战略，给中医药健康旅游带来了春天，药膳文化应借此良机体现价值，为中医药健康旅游业增光添彩。

参考文献

[1]朱玉霞. 论饮食文化旅游的开发[J]. 现代商业，2010，(26)：31 – 31.

[2]朱晓翔. 我国饮食文化旅游开发研究[J]. 江苏商论，2008，(10)：27 – 29 .

[3]王刘刘. 论我国的饮食文化与旅游业发展[J]. 黄山高等专科学校学报，3(3)：57 – 58.

[4]俞雪如. 食养、食疗与药膳之异同[J]. 药膳食疗研究，1997(2)：3 – 4.

[5]宣新中. 开发药膳产业大有可为[J]. 中国药业，2007, 16 (18)：20 – 20.

[6]郑帅，郑艳，等. 中国药膳的发展与思考[J]. 现代药物与临床，2009，24 (2)：95 – 97.

[7]王辉. 刍议药膳及其旅游利用价值[J]. 江苏商论，2007(2)：98 – 99.

[8]陈明之. 中国药膳保健食品现状及展望[J]. 浙江树人大学学报，2004，4(3)：83 – 85.

[9]项平. 中医食疗药膳的应用及发展趋势[J]. 世界中医药，2006，1(1)

[10]张羽，童胜男，等. 浅析药膳餐厅产品设计[J]. 扬州大学烹饪学报，2007, 24(86)

[11]侯晨美. 中华营养药膳——未来健康消费的主流[J]. 亚太传统医药，2008,4 (11)：153 – 154.

香料植物园：园艺疗法与芳香疗法结合的健康旅游规划设计

Botanical Spices Garden: Health Tourism Planning and Design Based on a Combination of Horticultural Therapy and Aromatherapy

文 / 王有江

【摘 要】

近年来，园艺疗法在欧美兴起。清华大学李树华教授主编的《园艺疗法概论》系统介绍了国外实施这种疗法的进展情况。这种自然疗法在我国由来已久，但需要升华。进入21世纪以来，中国兴起天然香料产业热潮，笔者认为完全可以利用各地建起的香料植物园让园艺疗法在独具特色的香料植物园中展开，这将是一条可行之路、便捷之路、大有希望之路。

【关键词】

园艺疗法；香料植物；香料植物园；天然香料产业

【作者简介】

王有江　创意中国天然香料产业联盟常务副会长兼秘书长

图1 新疆霍城县芦草沟镇四宫村薰衣草园 **林丽琴/摄**

1 园艺疗法简介及背景

园艺疗法是根据不同的身心需要来选择不同的花卉品种，通过人的嗅觉与视觉来调节人的情绪与神经系统。我国传统医学认为：鲜花草木，以其色、香、味构成不同的“气”，对人的身心有治疗的功效。当香料植物的芳香分子挥发至空气中时，能够杀死空气中的有害菌类，起到杀菌消毒的功效。我们吸进芳香分子后，能够清洁呼吸器官，增强肺部的呼吸功能。如沉香、零陵香、藿香、薄荷、薰衣草、麝香、迷迭香等的香味，可用于防治口气、体气、腋臭和香身熏衣，既有醒神悦心，以达芳香化浊，透邪于外之作用，也常用于治疗色斑、粉刺、皮炎、皮肤粗糙等疾病（图1）。

现代科学研究证明，各种花香味是由数十种挥发性化合物组成的，大多含有芳香族物质，如酯类、醇类、醛类、酮类和萜烯类等。这些物质能够刺激人们的呼吸中枢，从而促进人体吸进氧气，排出二氧化碳，大脑因之得到充分的氧气供应，产生旺盛的精力，从而思维清晰敏捷。研究指出，花草繁茂的地方，空气中的负离子特别多，它可以调节人的神经系统，促进血液循环，增强人们的免疫力和机体活力。

因而，在山清水秀的旅游胜地等场所广泛种植各种花木和香料植物，不仅美化、香化了环境，还对人的身心健康大有裨益（图2）。

近年来，园艺疗法在欧美兴起。清华大学李树华教授主编的《园艺疗法概论》系统介绍了国外实施这种疗法的进展情况。这种自然疗法在我国由来已久，但需要升华。进入21世纪以来，中国兴起天然香料产业热潮，很多地方相继建起了生态植物园，成为中医药健康旅游中一道亮丽的风景。隶属于中国医学科学院药用植物研究所的北京药用植物园，经过多年的实践探索，已经形成了集旅游观光、体验、生态植物种植培育、教学等产业链条，并于2012年被评为北京养生文化旅游示范基地。在生态环境优美的健康旅游目的地建设香料植物园、开

图2 海南三亚玫瑰谷

展园艺疗法，外为中用、中西互补，稍加改造便可以成为中国人喜爱的有效的养生、治病方法，这将是推动中医药健康旅游发展的一条可行之路、便捷之路、大有希望之路。下面我们来探讨园艺疗法在中医药健康旅游香料植物园环境设计及运营中的应用。

2 园艺疗法在香料植物园中实施的优势

在《园艺疗法概论》书中，李树华教授等学者给园艺疗法下的定义是："园艺疗法是指通过植物、植物的生长环境以及与植物相关的各种活动，维持和恢复人们身体与精神机能，提高生活质量的有效方法。"我们根据这个定义来看香料植物园有何不同于一般园艺疗法场所的优势。

2.1 香料植物园里有实施园艺疗法需要的最佳植物

我们看看香料植物园里都有些什么特色的植物吧。香料植物是个外来词，我们给香料植物下的定义是：香料植物是指含有挥发性成分并具有多种功能的一类植物，共有3000多种，其中，薰衣草、玫瑰、迷迭香、百里香、茉莉、罗勒、薄荷、香荚兰等是其著名的种类。香料植物的特点是含有挥发性成分，即含有植物精华——精油。这类植物受外力作用，如太阳晒、风吹、雨打、人为触摸，均会释放出香味，即挥发性成分。有的书中将这香味的成分称为"芬多精"，有的书中则说这是负离子的成分。总之，这种挥发性成分对人体健康和康复大有益处，它可以杀菌消毒、净化空气、提振精神、消除疲劳。

近年来，我国天然香料产业发展神速，其中香料植物园如雨后春笋般大量涌现，光是加入到创意中国天然香料产业联盟旗下的就有82家，其中搞得较出色的有近30家。这些香料植物园通过各种渠道，从我国台湾、欧美引进了大量香料植物种子、苗木，现有的香料植物园每家都有30多品种，北京香草世界香料植物园还建了全国唯一一个"中国香料植物种质资源库"，现已收集香料植物品种近百种，明后年要达

苏文茂/摄

到 200 种以上，成为全国香料植物品种最全的一家香料植物园。按李树华教授书中的说法，这些香料植物应是园艺疗法的最佳植物，这是园艺疗法的基础条件。可见，在香料植物园中落实园艺疗法，根基牢固、雄厚，得天独厚。

2.2 香料植物园里有适合园艺疗法香料植物生长的良好环境

香料植物园中植物生长环境良好。全国的香料植物园都是建在城乡结合部位，是郊野旅游的好去处，本来这些地方空气就较清新，加之香料植物本身独特的特点，使得香料植物园位尊名声好。香料植物园中土地肥沃，不施化肥和农药，有良好的排水灌溉系统，有的是滴灌，也有的是喷灌，当然也有漫灌。园中按品种不同分成若干区域或地块，有专业队伍负责栽培管理，每个香料植物园都有一名植物栽培管理技师，大部分香料植物园都自建温室，保证不能自然越冬的香料植物入室越冬，有的香料植物园夏季时还设有遮阳网，防止暴晒名贵的香料植物品种。

香料植物园是供游客观赏和摄像用的，所以香料植物园中特增设许多景点，保证香料植物按时开花，花开繁茂，悦人眼目。有的香料植物园主为增加吸引力，充分利用了地形地貌，建有可供游览的水系、婚庆广场、香料植物彩带（号称“大地飞彩虹”）等，有的香料植物园地势平坦无水，人工建了水系和小湖泊，甚至打深井引地下温泉水搞香料植物足浴场所等。有山有水有泉有景点，是香料植物园的追求（图 3）。可以说，香料植物园中的香料植物生长环境十分优越，是香料植物繁育的最佳场所之一。

2.3 香料植物园里持续不断地开展与植物有关的各种活动

香料植物园是对外开放的，香料植物园里经常开展与香料植物密切相关的活动，经常搞不同形式和时间长短不一的科普教育活动，让人们认识香料植物，知晓香料植物的功能，并设法开发香料植物；经常搞与香料植物相关的文化创意活动，如举办摄影大赛、诗歌朗诵、歌舞演唱等活动；利用各种形式开展宣传活动，如新闻发布会、产品

图3 海南三亚玫瑰谷 **苏文茂/摄**

开发研讨会、香料植物科研科普组织机构挂牌仪式等；经常接受各家媒体采访，对有的香料植物的开发利用，以及在香料植物开发利用中的创意人士进行专题采访报道等。这些与香料植物密切相关的活动的开展，有利地宣传了香料植物，介绍了香料植物产品，促进了香料植物园效益的提升。

以上三点可以说是实施园艺疗法的三要素，而香料植物园是实施园艺疗法的最佳之所。可以预见，在香料植物园里实施园艺疗法将使园艺疗法更加接近实际，也会更加有效，更易获得群众的普遍喜欢。

3 园艺疗法在香料植物园中实施的原则与注意事项

中国天然香料产业刚刚起步，这个产业还不成熟，大多数香料植物园不但不完善，而且其规模、效益、影响力等均处于初级阶段，而园艺疗法的建设一般来说要求较高，投入不菲，这正与香料植物园现状形成鲜明反差。2012 年初，清华大学李树华教授应创意香盟之邀，带领他的高徒走访了北京几家香料植物园，但均未在香料植物园中落实园艺疗法。当然，个中原因是多方面的，但必须肯定的是，园艺疗法是个好疗法，香料植物园是欢迎实施园艺疗法的，对李教授亲临香料植物园指导工作也是十分盛情的。创意香盟结合各方面信息，加之多次拜读《园艺疗法概论》，以及多次亲耳聆听李教授的演讲，认为园艺疗法一定要在推动天然香料产业发展方面，让香料植物园在展现出更多功能方面起到不可替代的作用。为达此目的，园艺疗法要在香料植物园中实施，必须注意坚持以下几条原则。

3.1 注重并加强园艺疗法在香料植物园建设中的地位与作用的研究与宣传的原则

在香料植物园建设中，从未有人说园艺疗法应在香料植物园中落实，更未听说园艺疗法会给香料植物园带来较好的影响和效益。还有园艺疗法与天然香料产业是何关系？园艺疗法对提高人们的健康水平有那么重要吗？中国人与外国人的生活水平相差悬殊，我们刚奔小康有条件享受园艺疗法吗？等等。这些问题均应通过实际调查给人们肯定而令人信服的回答，让人们从心里认识到，特别是让香料植物园投资者认识到，香料植物园本身就是一个大的园艺疗法的场地，他们从思想到理论上还未认识到，是身在庐山而不识其真面目而已。同时，也要让香料植物园投资者认识到，香料植物园里建园艺疗法区（角）是增

图4 海南三亚玫瑰谷　　苏文茂/摄

加了一项功能，因而也会增加一份收益。目前看，香料植物园投资者尚未得到令人信服的讯息，需要园艺疗法工作者加强这方面的研究和宣传工作。

3.2 注重园艺疗法定位与香料植物园定位一致的原则

在《园艺疗法概论》里，李树华教授给园艺疗法下定义的后半段中说："园艺疗法能维持和恢复人们身体与精神机能，提高生活质量。"笔者认为，这就是园艺疗法的功效，也是定位，定位于维持与恢复人们身体健康，提高生活质量。而香料植物园有什么功能，它的定位是什么呢？中外香料植物研究报告已经证明，香料植物的挥发性成分有很强的医疗保健功能，对人的健康大有益处，香料植物产品可以涉及人们生活的方方面面，有效地提高人们的健康水平，当然也有力地提高了人们的生活质量。既然如此，我们为什么不能在宣传园艺疗法时也同时宣传香料植物、香料植物园呢？相反，在天然香料产业发展中，在加强香料植物园建设中，有了园艺疗法加入，这不是锦上添花吗？今后的问题是如何使园艺疗法的落实与香料植物园的强化保持一致，这还需要做些工作。

3.3 注重园艺疗法在香料植物园中落实时低成本运作的原则

我国的天然香料产业起步较晚，起步时又是低起点、投入少、档次低、创意欠缺，效益当然不会太好。从全国近百家香料植物园来看，有一半只能说是小型香料植物种植园，另一半算是有点影响，但这一半 60% 入不敷出，光靠门票维持，是不会长久的。有部分香料植物园，靠国家投入的基础设施勉强支撑着，但随着香料植物园蜂拥而起，以北京为例，香料植物园突然间冒出十多个,有的一个县就有 4 ~ 5 家，如怀柔区够规模的香料植物园就有 4 家，密云县大的香料植物园就有古北口镇的紫海香堤香草艺术庄园和太师屯镇的人间花海香料植物园，而且人间花海香料植物园后来居上，来势之猛让人目瞪口呆。如果说尚能维持的话，有的香料植物园投资者眼睛盯的不是香料植物园怎样发展，而是国家还能够给多少资金支持，甚至将来开发房地产可否挣大钱。面对如此复杂境况与心态，想要香料植物园投资者出巨资搞园艺疗法那简直是白日做梦，只有少花钱，充分利用现有的景点、设施及有限资金投入到园中，才能让园艺疗法落地，一旦香料植物园主尝到甜头，后面的事就好办了。

3.4 注重用简化了的园艺疗法在香料植物园起步的原则

从《园艺疗法概论》书中可以看出，实实在在的名副其实的园艺疗法是个复杂的系统工程，涉及方方面面，既有深奥的理论，也有人们生活的实践；既要有一批企业管理者的经验，更要有专业的懂医和心理学的人士细心工作；既要有一般植物的栽培管理，更要有符合人们养生、康复的良好生态环境；既要有必要的植物生长环境的建设，更要有较大投入的适应园艺疗法需要的房屋、景观、设施等（图4）。面对如此要求，目前全国所有的香料植物园均望而却步。但此事需要办、必须办，一定要办好，一定要在香料植物园中开花结果。怎么办呢？这就要智慧、创意了。中国人，特别是经过10多年艰苦创业的天然香料产业人士并不缺智慧，更不缺创意，我们要先把园艺疗法简化一下再落实。有本新书，书名为《简单革命》，书中说把简单的事复杂化为愚蠢，把复杂的事简单化为聪明，认为这将是一场革命。我们将按这个思想，在香料植物园里，从基础设施建设、房舍构造、景点布局，到工作人员培训、优质创意服务等方面都要适当简化，由初级逐步向高级发展，走出一条天然香料产业人士的特色和创意之路来。

同时，尚有两个注意：一个是园艺疗法在香料植物园中落实，有关人士一定要根据中国现有香料植物园的境况制订出一个切实可行的别具一格的方案，要打破常规，要从创意的角度设法把事办好。另一个是园艺疗法在香料植物园中落实要加强与相关行业密切合作，协会及业内专家在专业技术方面为园艺疗法的落实提供大力支持。

4 园艺疗法在香料植物园中的实施设想

4.1 合二为一：即把园艺疗法与芳香疗法一并推行

芳香疗法是天然香料产业在实践中应用的自然疗法。这个疗法从20世纪30年代在欧美确立后，就随着天然香料产业的发展逐步发展扩展开了。台湾的金韵蓉女士（国际芳香疗法协会大中华区负责人）写了芳香疗法系列书，还在电视台的“美丽俏佳人”栏目做了专题讲座。法国芳香世家（上海）香精香料公司董事长李思婷女士，是欧洲芳香疗法师学会亚太区主席，写过芳香疗法书，办了多期芳香疗法培训班。此外，各地市挂牌的SPA馆就是芳香疗法的具体应用。创意香盟原副秘书长代秋玲女士搞的香料植物火疗，实际也是芳香疗法的具体应用。关于芳香疗法的书很多，虽然名称和说法不一，但总体来看都是芳香疗法的基本原理。创意香盟经过研究与考察认为，芳香疗法值得推广，因为它有效且群众易接受，是天然香料产业发展中不可忽视的一条途径。只是这种疗法来自西方，有些地方需要改进，其理论基础也有不足，我们提议要建立中医芳香疗法，用我国独特的中医理论完善提高芳香疗法，此动议得到业内人士赞同。现在，李树华教授又引进了园艺疗法。笔者认为，园艺疗法要与芳香疗法一并推行，那将获得事半功倍之效。究其因，笔者认为主要是：芳香疗法与园艺疗法同属自然疗法，芳香疗法是在室内用香料植物产品进行保健，当然经常应用也会有医疗作用；而园艺疗法主要在户外进行，有医疗保健作用。然而，室内室外不是绝对分开的，而是联系紧密的。可以预想，如果把室内的医疗保健与室外的医疗保健方法结合起来运用，其效果不言而喻，肯定会是锦上添花的。我们设想，在香料植物园里建一个医疗保健区，室内进行芳香疗法，走到户外进行园艺疗法，加之工作人员包括芳疗师、园艺疗法师的优质服务，其效果肯定会非常令人赞叹。

4.2 融为一体：即把香料植物园技术工作者与园艺疗法工作者集于一人

在香料植物园建设中，各地香料植物园中都有一批工作人员，他们大部分对香料植物种类、习性、功效都有所知晓，特别是香料植物园中专门负责技术的、负责应用的、负责DIY的人都有些专长，我们设想，对这些人中的某几个人进行专门培训和业务指导，让他们在原有负责的技术工作基础上再增加一项工作——园艺疗法工作。按笔者了解到的实际情况看，这个设想是可行的。这些人因为香料植物园财路单一影响了他们的收益，个别香料植物园工作人员还面临减员、减薪等风险。如果园艺疗法确实对顾客、特别是特殊群体有特效，香料植物园的收益会有所改变，工作人员既可学到一门新知识、新技术，又可有事干，有钱赚，何乐而不为？

4.3 共进共荣：即把发展天然香料产业规划与开展园艺疗法的计划一并策划和实施

创意香盟在 2012 年 4 月 28 日北京的会议上发布了《中国天然香料产业发展 2012 ~ 2020 年发展规划(草案)》，这个规划里面已提到了园艺疗法之事，只是讲得太笼统，缺乏操作性。这个规划尚在修改，我们要重新认识和重视园艺疗法在发展天然香料产业中的地位与作用，更应深入探讨园艺疗法与芳香疗法有机结合一并推行之事。为此，创意香盟决定重新修订《中国天然香料产业发展 2012 ~ 2020 年发展规划》，把推行园艺疗法与推行芳香疗法一并进行，同等对待，且要以法籍华人、芳香疗法师李思婷为主成立一个科研小组，在研究、推广芳香疗法时，把园艺疗法融入其中，一并研究，一同推广。同时，创意香盟要在适当时机与李树华教授联手搞几次理论研讨和实践指导，力争在几年内让园艺疗法在香料植物园里开花并结出果来。

4.4 典型引路：即重点在一二个香料植物园搞园艺疗法试点，成功后再进行推广

典型引路是共产党人在革命实践中得出的法宝，行之有效，常用常新。我们在发展天然香料产业中，特别是在香料植物园中实施园艺疗法时，这种传统的办法会发挥出它应有的效力。创意香盟有几个发展天然香料产业的典型试点单位，我们将利用这一优势，在原定的典型示范点尝试推行园艺疗法。初步决定在“北京香草世界”香料植物园和“上海上房园艺有限公司”搞试点，创意香盟主要负责人要亲自深入基层工作，与香料植物园工作人员共同研讨，想方设法创意地推行，并注意总结经验教训，以便日后推广。

4.5 重点突破：即在试点单位要抓好其中几项内容以取得实质性进展

(1) 在医疗保健上有所突破

利用香料植物及香料植物园的特殊植物及环境，针对特定人群血压高、血脂高、类精神病、失眠症等症，探讨出科学方法，让这样的人群有明显好转。

(2) 在老年养生方面有所突破

目前，中国已经成为世界上老年人口最多的国家，也是人口老龄化发展速度最快的国家之一。根据国家统计局发布的数据，2016 年我国 60 周岁及以上人口达 2.3 亿人。面对如此情况，老年人的养生成了热门话题。我们可利用香料植物园的特殊环境，开发或兴建老年人养生场所，并用园艺疗法原理和实践让老年人有新去处、新兴趣、新体验，从而让老年人活得快乐，活得健康。

(3) 让高强度工作者在身心缓解方面有所突破

现在社会竞争激烈，人们为了生存和发展，疯狂地工作、学习、挣钱，人们工作生活压力都很大，让这样的人到香料植物疗法区生活一段时间，在园艺疗法和芳香疗法知识学习的基础上，天天生活在芳香气味环境中，他们会从时代工作狂病症中走脱，恢复到健康正常的状态。

(4) 让香料植物园经济效益有所突破

目前看，香料植物园的效益均不理想，从发展的眼光看，目前效益较好者会很快出现效益下降态势，主要问题是香料植物及香料植物园的特点未得到充分发挥和运用。如果把园艺疗法和芳香疗法在香料植物园中展开，益处将是多方面的，不但可以培养一批懂技术、会操作的能人、有特长的人，更会让众多顾客受益、美名远播。当然，其效益也会越来越好，只要努力工作，我们坚信这一天一定能到来。

参考文献

[1] 李树华. 园艺疗法概论 [M]. 北京：中国林业出版社，2011.

英国拜伯里

乡村建筑更新与乡居方式营造

Building a New Rural Lifestyle by Redeveloping Old Architectures

彭婷婷/摄

从烤烟农业到避暑旅业：贵州中关村乡村建设实践

From Tobacco Industry to Summer Resorts: an Empirical Study Based on the Rebuilding of Zhongguan Villiage in Guizhou

文 / 王 贺

【摘 要】

传统自然村落正在消亡衰落，人居环境恶化，年轻人对土地日渐失去了兴趣。本文讲述了几个年轻建筑师“上山下乡”的故事，他们长期扎入农村，和当地村民、工匠一起修缮老宅，改造村民新家，修建村民公共活动场所等，给村子带来了“乡村巨变”。

【关键词】

乡村旅游；自然村落；乡建；民居改造；公共空间营造

【作者简介】

王 贺 中国乡建院九七华夏工作室主创建筑师

注：本文图片均由作者提供。

图1 贵州桐梓县中关村

1 中关村概况

中关村位于贵州省遵义市桐梓县茅石镇。地处黔北，北距重庆180多公里，南距遵义60公里。这里平均海拔1200多米，夏季平均气温较重庆低10度，空气清新，环境舒适。每年7~9月都会有大量的重庆游客来此避暑。当地的产业种植以烤烟为主，平均每户有20~30亩土地，年收入8~12万元。

中关村南北狭长约5公里，地处山脉之间的峡谷，中有南北贯通的村道和河流。中关北接正龙村，南接遵义市汇川区。山脉之间谓之“谷”，谷凹入的地方谓之“湾”。中关村下属有7个组，大湾组就位于其中一块凹入之地，由于地势相对平坦，房屋较集中，所以我们选取大湾作为乡村社区营造的起点和重点。大湾组共有农户51户，整个村落建筑风格杂乱，乡村特色不突出；由于房屋的状况不同，近年新建的房屋居住条件较好，但一些年久失修的房屋和木结构房屋的居住条件较差，功能分区不合理，无卫生间，采光、通风较差（图1）。

大湾组基础设施情况是，除了一条贯穿村子的过境路和连接芹菜沟的断头路为硬化道路外，其余均为泥土路。道路质量较差，由于地基不均匀沉降，路面已出现了裂缝。村子缺乏污水处理设施，电信网络比较差，公共服务设施缺乏，临近的小学步行要30分钟。垃圾处理上，基本以焚烧为主，缺乏公共垃圾处理中心。

初入大湾，首入眼帘的不是农田、村舍，而是一片蓝色金属大棚。如同步入工厂一般，它们体量比普通民居房大很多。蓝色的屋顶格外耀眼，是村民烘烤、绑制烤烟的生产用房，这里是大湾烤烟生产的集中区域。整个大湾组以村道、河流为中心，划分出三个地块，中心是以烤烟厂房为核心的公共区域，包括军营般的烤烟房、几个钢棚、河道及驳岸的菜地、村庙、一个空置的平房。烤烟房是村民生产的空间，而村庙却是村民最为重要的精神文化场所，它坐落在河道边，是一个不太起眼、体量很大的石块砌筑的房子，但已经有两百多年的历史，是村里最古老的建筑（图2）。由于村民祭祀活动，二十多年前，村民在庙旁加建了一个简易的耳房，以作为临时厨房。在村道的一侧，是一个湾，这里房屋围绕着农田，依山而建，村民叫它大湾；在河道的另一侧，沿着河道呈线性排布，他们叫它芹菜沟，后来两个村民小组合并成了一个，就叫大湾了。

图2 中关村大湾组村庙与烤烟房

2 中关村乡建过程中的现象

现在的中关村可以说是中国农村自我更新的一个缩影。传统村落正在遭受局部城市化的破坏。年轻的村民，很多放弃甚至拆除了山脚下的老房子，在道路边新建了两三层砖砌的房子，临道路的一面常常贴上白色的瓷砖，有的甚至空心砖裸露。这些房子大多简陋，布局随意，功能混杂，结构上缺少构造柱和圈梁。另一种错搭的现象在农村也是司空见惯。农村有分家的习俗，父辈会把房子分给下一代，而很多家庭一般都有两个儿子，中间的堂屋为两家共有，左右偏房各自一半，而有的家庭人员较多，原有格局不够居住，同时年轻人也不愿意住在老房子里，往往会拆除自己的部分原址重建一个二层的砖房，而有的家庭则会完全拆除旧房，全部重建（图3、图4）。

图3 当地的传统民居

图4 当地村民拆建现象

图5 中关村大湾组

3 中关村的乡建历程

中关村的乡建历程，大致可分为三个时期。

第一个时期：2015 年 7 月 ~ 2015 年 11 月，以当地村民施工为主的局部介入改造阶段。

第二个时期：2015 年 11 月 ~ 2016 年 7 月，以政府主导的大规模施工阶段。

第三个时期：2016 年 7 月 ~ 至今，2016 年 7 月大湾组举行了开业典礼，标志着大湾组的设计施工接近尾声，之后重心挪移到关底下组和中关村步道等建设改造上。

3.1 大湾组民居改造

项目初始，由于政策、资金并不明确，村民们对政府和我们尚缺乏信任，对自己家改造的意愿不是很强烈。在这种情况下，如何介入并推动工作的展开，带动老百姓的积极性是极为关键的。所以，示范户的选择变得尤为重要。当时，通过政府的政策性补助，以及农民的自主意愿和经济能力，我们挑选了两个区域：以大湾徐儒辉、徐儒东、徐儒勇三家的组团和芹菜沟徐儒建、徐儒国两家屋舍前的新建工程作为我们前期的启动点。

在笔者看来，大湾组更像一个村子，和很多村子农民常常把房屋修建在马路边的情况不同，大湾组只是村路旁的一隅，沿着路边有几个不算大的新建民房，顺着一条小路绕过房屋，是一片不算大的农田，房屋在山脚下依山而建，围绕着这片田，鳞次栉比。青瓦木屋比比皆是，巷道错综，如同迷宫（图 5）。

徐儒辉家便在这其中。徐儒辉在家中排行老二，有一个哥哥和一个弟弟，但都常年在浙江打工。兄弟三人中，只有他结婚了并有一儿一女，家里上有父母和叔叔三人与他同住。他家位置很好，可谓背山面田（图 6）。房屋呈三合院布局，左边为传统木结构房屋，有近百年的历史，平日为父母所住。堂屋和右侧部分为后来重建的房屋，由砖石砌筑的墙体，已有三十余年，为徐儒辉一家四口所住。整个屋顶全部采用村民自己烧制的青瓦。最左边角落有一个废弃的烤烟房，平日主要用来储藏苞谷。为方便打理，院坝以水泥硬化，院子两侧有一棵树和一个葡萄藤。房子左侧有一条小路可绕到徐儒辉家屋后，屋后山下，有一溶洞，冬暖夏凉，是一个天然的大空调。

前期我们做了调研，了解农户的需求和以后的经营打算。基于这些调研，我们保留了烤烟房和传统木结构房子，拆除了砖房部分和原有猪圈。为了与传统木架房在体量上关系和谐，新建部分我们设计为两层砖混结构，布局上呈“L”形，最大地保留了原有的院坝，但与房主多次协商之后，他们还是坚持改为三层。一层以 3.9 米为开间，做了三

图6 徐儒辉家原貌

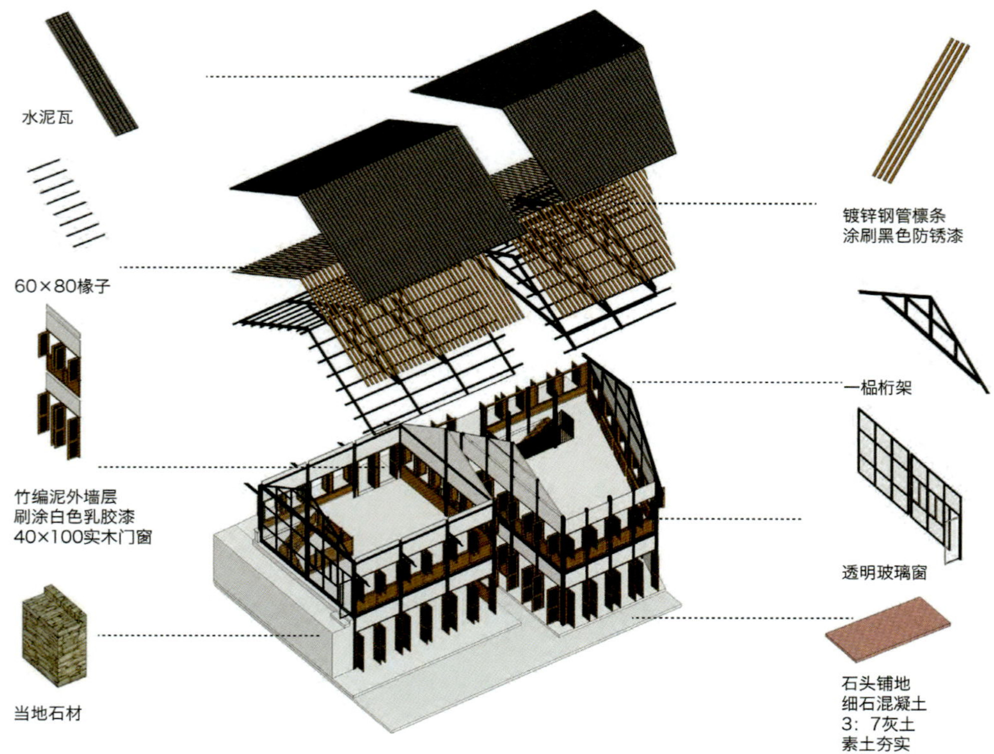

图7 改造方案

图8 新建的房屋

图9 新建房屋的部分细节

个一样的二室一厅一厨一卫的布局；在二层以3.9米为开间，设置了6个标准客房，用做经营民宿的客房，三层的布局和二层一致。靠近院子内侧布置1.8米宽的围廊，围廊立面采用了截面为50毫米×15毫米杉木格栅，楼板处出挑角钢焊接的屋檐。格栅为木工厂预制加工的成品，由于截面15毫米较薄，为保证其不易变形，格栅条最长做到了2.4米，而房屋的层高都在3米以上,所以在2.4米的高度上设置了通缝处理。在固定格栅条的方式上，我们本希望采用普通螺丝穿过矩管骨架再穿进格栅内部的做法。但由于加固不是很牢固，另一方面容易穿破格栅，造成破裂，最后我们采用了自攻螺丝，以致钢矩管内侧呈现一排自攻螺丝帽，较为显眼。在两端山墙面的处理上，采用截面为120毫米×60毫米方钢焊接骨架，内嵌竹片墙的做法。传统民居山墙照壁一般会用竹条编织成竹板，作为支撑，表面再涂以白石灰的做法。我们试图从传统材料、工艺做法上，结合当代的施工技术寻找答案（图7~图9）。

徐儒东和徐儒勇两家现为二层砖房，他们希望加建一层作为以后经营住宿的空间。在了解他们需求的基础上，我们对房屋和院坝进行了测绘，根据已有的空间布局控制为三层。他们的房屋布局大都一至两层，平面上常常是前三后四排列。这样布局往往是兄弟两家合住，前中为堂屋，左右为客厅，后四为卧室、厨房，如有二层，一层往往不住人。此外，农村的习俗、村民的生活习惯等，我们都要了解，这也对加建部分提出了很高的要求。比如，堂屋上层不能出现卫生间、卧室；卫生间最好不要放置在房屋前部；实际上作为以后经营住宿的空间，室内带卫生间是需要的。往往村民更喜欢比较多的房间，所以与村民的沟通及知晓他们对新观念的理解，要比设计本身更有难度。最后，他们两家都加建了第三层，在一侧另加了新的楼梯，避免经营对生活空间的干扰。

另一个启动的区域是徐儒国和徐儒建家门口的新建区。徐儒国和徐儒建是亲兄弟，在我们来之前，他们的房子大概是村里最大、室内环境最好的了。三层的砖瓦房，白色涂料墙体也显得较为干净整洁。后来这里也成了我们乡建人的居住地。他们两家人的经济情况在村里算是不错的。他们屋前有一院子，院前有两个破旧的烤烟房。一侧为拆除的只剩一个开间的木屋，另一侧为雨洪水的排水沟。我们建议拆除这几个烤烟房进行新建，以后可用作经营餐饮。我们设计了两座两层的钢结构房子，用杉木板作为围护结构。为了避免体量过大，我们在两座房子之间设置了一条通道，两座房子一前一后，屋顶一高一低，但实际上他们对这个设计是存在不满与争议的。村民们“攀比与追求公平”的心理，让我们得到了很多经验教训（图10）。

还有一户徐思勇家，房子坐落在村道边，两层三开间，沿街的墙面贴满了白色瓷砖。记得那天去他家调研，站在屋顶上，四面环视，谈不上视野极佳，但也因视野被拉远而多少忘记了那条马路的影响。徐思勇家右侧有一个破旧老木屋，山墙上照壁早已残破不堪，仅用几张塑料布遮挡。何不在楼梯这一侧做出露台，用传统木构的方式和砖墙结合的方式搭建？随后我将此方案在电脑里绘制出来，并展示给徐思勇看。看得出他内心有些矛盾，他

施工过程中

图10 徐儒国和徐儒建家的新建房屋

图11 徐思勇家房屋改造

图12 徐思勇家房屋改造过程

本想将三层建满房间。全部用来经营。我说，那样不好太，满了人会觉得闷，人并不喜欢老是待在屋子里，要留些空间出来，打打麻将，喝喝茶，他也表示很赞同。另一个就是材料和施工。我说这个要用老房子的建造方法去处理。他很犹豫，木头少了，人工成本大。他说能不能改用砖墙。第二天，我给他展示了另一个砖墙的方案，他看了只是说还是那个好，会尽快去找材料。没过几天他家门前躺着好多棵刚伐下来的树干，看着这几棵大树，我内心有点于心不忍，毕竟山上又少了几棵大树。徐思勇还从村里请来了两个老木匠。见面之初，徐思勇家砖墙部分已经完工。我在电脑上简单地给师傅们展示了模型，简单地讨论了下屋顶的坡度分水、与墙体的连接、出挑的长度等问题。第二天，我们再去的时候，师傅拿出来一张柱、坊等尺寸标记清晰的简图与我进行确认。两个师傅忙碌了近一个月，所有的零件都已加工完成，准备挪到房屋上吊装、固定。吊装过程采用了人工的方式，所有也要精选一个良辰吉日。那天，徐思勇家集聚了几十号人，二十来个年轻力壮的青年，在木匠师傅的吆喝声中，瞬间将这排屋架抬起来了。我们也被村民协力造屋的场景所感染（图11、图12）。

3.2 大湾组污水处理现状分析

当由政府主导，有资本和政治介入后，乡建的步伐也加快了很多。随后我们也将工作重心转移到了乡村基础设施的完善和公共区域的打造上。

基础设施方面，我们主要以污水处理为主进行详解。大湾组是中国西南农村的一个缩影，在这片180万平方米的土地上，同时存在着两种典型的排污模式。

旧式民居，采用的是中国千年农耕文明业已形成的原始排污模式。猪圈下方建粪坑，猪圈旁建厕所，人粪尿、猪粪尿（含冲洗水）一起落入粪坑，在粪坑内自然沉降、沤置，粪坑一侧设有取液口，农民定期将液体舀出，施用于自家菜园或农田。而洗澡、洗衣等污水，通过村内明渠排入河流，或直接泼洒于院内，污水自然蒸发或下渗。这种古朴的排污方式，与城市“高大上”

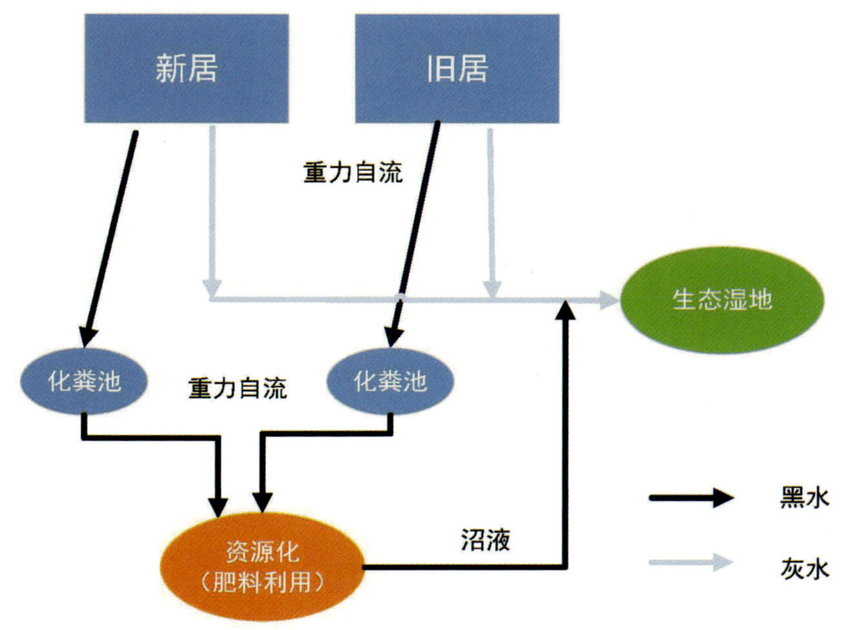

图13 污水处理工艺流程图

的排污方式相比，看似落后，却蕴含深刻的生态学意义——粪便中的营养物质回归土地，营养物质循环链条完整。然而，必须承认，卫生条件落后是农村卫生设施不得不面对的问题——蚊蝇滋生，臭气难忍，舒适度差。因此，旧式民居的排污方式，虽生态，但不够卫生。

随着生活水平的提高，住在木柱土砖房里的农民朋友渴望住上砖混房，在改造的同时，旧式厕所这一影响生活质量的重要因素，也被统一改造成水冲厕，粪便与其他污水（洗澡水、洗衣水）一起，排入化粪池。化粪池出水通过污水明渠排入水体。这种模式下，卫生条件虽然提升了，而菜地、农田的肥料来源却被生生切断，卫生而不生态。

随着经济的快速发展，农民经济收入不断提高，生活污水对环境造成的影响越来越大，甚至影响到当地人民的生活质量和水平，主要有以下原因：

（1）人均排水量增大，污水肥效降低

随着自来水的普及，卫生洁具、洗衣机、淋浴设施等走近平常百姓家，人均日用水量和生活污水排放量急增，产生了大量生活污水，其肥效亦大大降低；又因卫生要求，很难用作肥料了；同时由于化肥的大量使用，减少了传统农家肥的使用，造成当地农村生活污水失去了有效的消化途径。

（2）雨污合流排放，露天水沟溢流

生活污水采用露天排放沟排放，雨污合流制因排放沟渠布置分散而不集中，四处溢流的现象较为突出，尤其雨季更为严重，农业污水得不到妥善的处置，存在乱存乱放的现象，严重影响着辖区的村容村貌。

（3）没有完善的污水处理设施

由于基础设施落后，大湾组域内暂没有完善的污水处理设施，使近年来当地农村生活污水的无序排放成为农村环境的主要污染源，原来分布于各个村庄的露天水沟现在都慢慢变成了臭水沟，气味难耐，高温天气更是臭气熏天，这也严重影响了城镇卫生、生态和人居环境，对当地经济的可持续发展和居民身体健康造成不良影响。

3.3 大湾组污水处理解决方案

结合前期调研，针对大湾组的污水处理处置现状，综合比较处理效果、建设运行成本和经济效益等因素，对大湾组生活污水采取源分离处理和人工湿地相结合的处理方式，其工艺流程如图 13 所示。

黑水、灰水从出户开始分离，分别收集，分开处置，黑水就近进入化粪池消化，通过发酵制成有机肥料就近回用；灰水通过重力自流方式经出户管进入污水干管，黑水溢流水也经出户检查井与灰水汇集进入污水干管，最终进入人工生态湿地进行处理，湿地处理后的清洁水排入河流。大湾组地区室外管网布置如图 14 所示。

3.4 大湾组烤烟大棚改造与公共空间营造

3.4.1 大湾组烤烟大棚改造

公共区域我们以河道和烤烟房区域为核心，这里包括了河道景观、生态驳岸、村庙、烤烟大棚、村标、儿童游乐场等。这里以烤烟大棚改造为例进行了详解。

烤烟大棚是村民挑选、裁剪、整理烤烟的地方，是烟草公司为村民修建的生产用房，主体结构为钢桁架，开间5米，七开间，跨度15米。四面砖墙3米高，有开窗，蓝色金属屋面部分已锈迹斑斑，地面水泥硬化(图15)。四周有排水明沟。除了烤烟季节7、8月份外，平日里基本属于闲置的状态。除了满足烤烟生产的需求外，希望通过改造使它能够成为集精神文化、娱乐休闲、学习教育、村民集会等活动于一体的场所。于是村民活动中心的改造计划开始了。

改造是由“外”而“内”开始的，“外”是指与周边环境的关系。烤烟大棚占地500多平方米，与周边的民宅差距较大，蓝色的屋顶也显得很不和谐。外部上，我们采取了以下措施进行改造(图16)：

(1)在环境处理上，我们在沿道路一侧密植了几排杉树，从进村方向在视觉上进行“隐藏”，在烤烟大棚的周边也尽可能密植一些树木进行遮挡，视觉上弱化过大的体量。

(2)在围护结构上，我们拆除了原有的墙体和蓝色的金属屋面，只保留了钢结构桁架。我们采用了更通透的墙面替代了原来厚重的砖墙。

(3)在形体上，35米的7个开间较长，我们将其中相隔的3个开间进行凹入式的“剪裁”，使其向内收缩了2米，在凹入的区域进行绿化，以缓解过长单调的立面。

(4)在屋顶处理上，我们采用更轻薄透明的阳光板替代蓝色金属屋面。

14

污水输水管线材料清单

序号	名称	规格	单位	数量	备注
1	HDPE高密度聚乙烯管	DN200	M	1000	
2	PVC排水管	DN150	M	1020	每户按20M计
3	砖砌圆形检查井			44	见标准图集02S515

(5)在山墙面上，我们沿用了原有的入口，并做了一个混凝土的“大门”，与其说是门槛，其实更接近门廊，相对于大棚的“轻与透”，这个门却是“重与实”。实际上这个大棚可开启的门很多，可以说随处可进。大棚的整体处理基本上是以消解形体和边界来处理的,是以“隐”为主。但这个门，我们希望是“显”的。显不仅是增强入口的仪式感，更希望它是个隧道，一个进入新时代的起点。

从内部上，我们增加了舞台空间、临时办公区、接待、水吧和后勤服务等功能。我们希望场地的功

图14 大湾组地区室外管网布置图

图15 烤烟大棚改造前的外形与内部空间

图16 烤烟大棚改造方案

图17 烤烟大棚内部空间改造方案

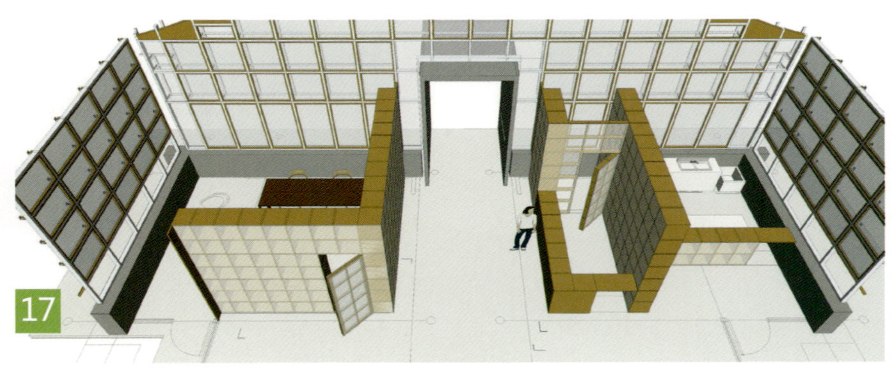

能是多样可变的，所以，除了后勤服务、卫生间等功能做了实体，其余空间尽可能采用临时分隔的方式处理。于是我们想到了可移动家具的概念，采用30毫米×40毫米钜管以420毫米×420毫米的间距焊接搁架。底部采用万向轮使其可移动，并用指接板做搁架内框。背部用阳光板封面。通过几组可移动单元组合来围合出使用空间，不用时则可移至一边。舞台也同样由8组可移动的“桌子”组成。分散开可当餐桌，组合起来则是舞台（图17、图18）。

烤烟大棚的改造可谓一波三折，早期内部功能没有确定，导致方案一改再改。施工中也出现很多问题，还需考虑很多新的要求，有些则是设计考虑不周，虽然和最初的想法存在差距，但也磕磕碰碰地完成了，但依然有许多需要改进的地方。2016年7月，村里举办过一次美丽

开始拆除围墙，并清理现场

拆除屋顶，钢架打磨并刷防锈漆

屋面铺设了阳光板，结合竹胶板吊顶

大棚外树林环绕

改造完成的烤烟大鹏

图18 烤烟大棚的改造过程

图19 中关村村标

乡村大讲堂。但由于大棚四周围护结构以玻璃为主，现场声效不是很理想，杂音较大。后来清华大学罗德胤教授提了改良建议，在吊顶和部分墙面增加吸声材料，改后现场声效有了很大的改善。

中关村村标坐落在进入大湾组路边一片茂密的杉树林中。它的形式取自当地烤烟房。中心镂空，宛如画框，框内则是日新月异建设中的中关村（图19）。

3.4.2 河道整治和驳岸景观打造

河道整治和驳岸景观打造是我们整个项目的工作重点，工作量也最大。我们选取了大湾组部分河段进行试点。现有的河道较窄，水面浑浊不清，驳岸两边垃圾随处可见。项目组对整条河道进行了详细调研，由于政府相关部门没有河道的水文资料，我们只能从当地老村民那了解情况，收集相关信息。由于河道较窄，每年在洪汛期，会发几次洪水，水位线会达到村道的高度，常会给两岸的庄稼造成很大的破坏。

基于现有的河岸，我们听取了村民的意见，重新梳理并拓宽河道，采用了石笼挡墙和木桩驳岸，对洪汛期的大水进行软化。在驳岸两侧我们种植了湿地植物，有助恢复生态系统（图20）。

中关村建设历时一年，村容村貌可以说发生了翻天覆地的变化。乡建是一个系统化的工作，同时由于地域差异，每个村子的乡建都会不一样。我们很难用一套标准和方法去指导和建设每一个村子，但我们相信乡建依然有方法可循。

图20 河道改造前与改造后的景观

听松书院：一位乡居生活筑梦者的札记

Tingsong Academy: Anecdote from a Rural Residence Builder

文 / 梅 静

【摘 要】

听松书院源于一个人的理想，2015年开始建设。如今，它已经在中国北方的乡土社会生根发芽。最最开始的听松书院只有一个院子，我们最初的设想包括面向农村社区的公益图书馆、听松教育等，并设想这些功能可以通过9间客房实现运营。现在的听松书院已经发展为听松社区，扩展到了6个院子，公益图书馆已经有几十位固定的农村读者，每周借阅图书40～50本/次；听松民宿已经有14处客房，逐渐形成能够自足的商业模式；听松教育已经有听松美育、听松启蒙和夏令营等内容，正在朝着最初的教育理想起航；听松设计和听松文创的部分也正在逐渐展开，我们的第一款文创产品“松果砚”是为听松粉丝而设计；第二款文创产品“为君难”是向泰陵墓主人雍正帝致敬。听松书院不仅仅是一个商业项目，它承担着创始人复兴故乡文化的重任。

【关键词】

乡村建设；乡村教育；乡村图书馆；乡土文创

【作者简介】

梅 静 听松书院创始人，北京听松文化传播有限公司董事长

注：本文图片均由作者提供。

1 序言

很感谢李霞老师的约稿，可以让我停下来，回头看看自己走过的路和眼下的日子。

严格来讲，我不是一个乡居生活者，我所过日子更谈不上娴雅宁静的乡居生活。

每一个周四，我都要回到北京，去清华开例会，与静山的设计师们讨论园林项目进展。

每一个周六，我都要准时等在听松书院的教室，给听松少年分享自己设计的美育课程。

每一个清晨，我都要被溪溪的大头顶醒，然后被松松的屁股拱来拱去，宝宝们要撒尿。

每一个深夜，我都要哄睡两个宝宝，然后再爬起来，做设计、写文字、考虑怎么营生。

上午我还在清华园里，与莘莘学子一起汲汲前行；傍晚回到西陵，我又和邻居的枣红大马一起缓缓同归。

前一天，我还沉浸在社区道路上婆娑优雅的松影里，为乡村的安静感动而欣喜；第二天，却因为邻居修了一道破坏秩序的围墙而烦恼着急。

月初时候，我还带着听松启蒙的孩子们去松林里观察候鸟的踪迹，给听松美育的少年分享涌动的山云、陶子的诗篇；月底时候，我必须要为听松员工的工资负责，为自己的房贷而查询每一个账户的余额（图 1）。

还记得，第一次独自开高速是在大雨滂沱的夜里，刺眼的闪电布满整面风窗；第一次歇斯底里的争吵是和一位不守诚信的乡亲，后果是之后的几天竟完全不能发声；第一次被抓进派出所里是因为不懂很多现实的办事规则；第一次被告上法庭是因为在现实的乡村里，每一个人都生活得那么不易，尤其碰到突如其来的事故。

是啊，真实的乡居生活，一切没有想象的那么美好，一切又都那么让人陶醉和感动。如果说我可以写一写乡居生活，只是因为有一颗相对平静的心，愿意去观察和感受。

2 起源：听松书院的建设

人生中的很多机缘冥冥中注定，比如我，回乡建设一座书院绝非一瞬

发现大自然的美

画家乡的山

发现幼苗

图1 听松启蒙教育与美育

图2 清西陵之泰陵明楼门洞

间的决定。

我的故乡清西陵坐落在永宁山下，与清东陵偶然被发现不同，这里曾是燕国都城，隋唐置县，明清设州，制砚制墨等文房文化源远流长，是真正的乾坤聚秀之区。

西陵镇是清西陵首座帝陵——泰陵的内务府所在。这里是整个清西陵景区的核心腹地（图2）。从小看着西陵的山川，在古松林海中听松涛阵阵。当然，听松的同时，我们一群小朋友也在劳动——“搂松挠儿”（干枯的松针），帮家里备冬天的柴火。我第一次体验到古人的诗意也是在故乡的劳动中。春日风暖，我们一群小伙伴去挖野菜，某一瞬间，我抬头遇见了青色的华盖山，它在浮云间，仿佛离我很近，当时我觉得只有我懂这座山，心中暗合“悠然见南山”。

20世纪90年代，在我的童年记忆里，清西陵刚刚开始发展旅游业。很多店铺应时而生，这里有了一条干净整洁的商业街，街面上有大小饭店、银行、照相馆、旅游特产商店……我读书的西陵镇小学始建于民国年间，曾经培养出很多人才。校园里有几棵大泡桐树，春天里，累累香塔举满一棵棵树，淡紫色的小喇叭落在试卷上，至于考试的内

图3 听松书院远观

图4 听松书院一层大厅

容，早已忘记，只有清香久久沁入心底。土操场上画一个大大的螺旋，大家争抢着玩丢沙包的游戏。

2006年，我读大三，第一次回到西陵镇。此时的西陵镇已经完全没有了往日的宁静和秩序。小学校园的操场经多次分割出售，面积不足当年的五分之一。辉煌的八角楼供销社也分割变为私人财产。沿街小商铺私搭乱建，而新建设的大酒店不仅风貌不协调，甚至挖掉了泰陵的东沙山……我隐约觉得很难过，每一个人都不再关心地域的文化，我像是一个失去了故乡的人，当然失去故乡就像失去了整个世界。

2009~2013年，我成了一名规划设计师。在央企设计单位做乡土文化遗产保护工作，从内蒙古草原到云南大理，曾经收获过很多风景和感动。一个人如果一直生活在一个环境里，很难理解真实的历史和时间。比如，我调研的很多地方还停留在20世纪八九十年代。或者，曾经靠某些因素蓬勃发展，但因为文化衰落又迅速退回到二十年前。听松书院所在的西陵镇就属于第二种情况。

为什么要创办“听松书院”呢？现在回想这个问题有些惶恐。历史上哪座书院是随意建设的呢！历史上任何一座书院都起到了开启一方民慧的作用。那么，听松书院要怎样定位和发展？能否如同历史上的书院一样经历时间的考验，能否在当下的时空节点，为故乡做一些有益于文化和社会的事情？这是我一直在心中追问的问题，也是我心中希望可以持久做的事业。是怎样的动力要建设书院呢？

首先是来自童年的阅读情节，我小的时候爱阅读，常常羡慕城里那些随时可以去书店或者图书馆的孩子。读大学之后，每逢寒假，我都晚走一周，只想等清华园里清静至极，便可以到老馆里幸福地“啃书”。记得大学本科，有一个自选主题的建筑作业，我设计的正是一座位于清西陵的乡村图书馆。

其次是来自对故乡文化延续的使命感。就像前文说过，西陵镇是清西陵最早的一座内务府，位于景区的中心腹地。然而近些年的村落建设完全忽视历史文脉，成了清西陵景区最差的节点。在这个过程中，始于民国年间的小学校园、生产队年代的供销社、家属院等集体公产（集体产业发展用地）都被曾经的权力者瓜分蚕食。我心里明白，故乡出现的种种问题，表面看来是现实利益驱动，根本却在文化和教育的缺失，乡民的公民素质尚未启蒙。

听松书院真正实现的机缘，开始于2015年初。生活在北京的我，平静却有一些不满。比如，我的女儿每天在华堂超市中跑来跑去（因为小区里都是停车位，仅有很小的儿童活动场所），她每天望向窗外，却只能看到更多的窗。这一年九月份，我偶然有了第二个宝贝，这个突如其来的变化，让我决定众筹建设听松书院。众筹的过程很业余，却在很短的时间得到了很多人的支持，有我在清华的学长、同门，也有我在设计院的朋友、同事，更有我在家乡的发小、闺蜜。我迅速就凑够了听松起步的资金。

建设初期，我还生活在北京，每隔周组织一次讨论。建设后期，二宝出生，我回到西陵，设计的讨论也转移到工地。因为对故乡的理解，听松书院空间设计的气质很淡然，从新生就体悟繁华褪尽后的沉静。很多来过书院的人会有同感，她有着古朴的深味，正如我心中那挥之不去的西陵情节，引领我和我的故乡共同构筑一座通向古朴沉静的文化殿堂。

2016年5月1日，书院正式建成开业（图3~图5）。像更多人一样，我也曾经以为，这是理想实现的一

图5 听松书院的茶空间

刻，却没有想到，这是理想践行的开始。从这一天起，有一座听松公益图书馆的运转我要负责，有一群听松民宿的员工我要负责，有一门听松美育的课程我要讲授，有一个关于故乡文化复兴的理想我要坚持。

转眼，听松开业即将一周年。听松公益图书馆藏书正逐渐增长（图 6、图 7)，但有关阅读的推广还需要投入精力；听松民宿的业绩表现平平（图 8)，主要原因是管理经验和推广宣传不足；听松美育的课程今春开启，是否能够起到设想的作用，我不清楚，但我知道这是方向；听松文创产品因为资金问题尚未真正发力，好在我的先生正在另外一个平台努力发展本土手工艺（图 9)。

图6 有天窗的书龛

图7 梅老爸——图书管理员

3 发展：听松社区的构想

听松社区的构想是因为听松 X 的出现。

书院建设完工几个月后，有一位邻居要建设新居。我们得到的信息是房主希望建设一座小洋楼。这种希望尽快进入“现代”生活的心情可以理解，但这种建筑形式太破坏风貌，一旦建成是不可逆转的损失。所以我们设计了一种合作模式，我们称之为“听松 X”——即听松作为担保平台，由农户出宅基地和一部分建房资金，设计师出设计方案和另一部分建房资金。设计的房屋分为客房和农户自住房屋两部分。首先，新建房屋的全部产权归农户所有；其次，在一定年限内，客房的使用权归设计师拥有，作为借资给农户建房的利息。一定年限后，农户需偿还设计师建房所用本金，客房的使用权归还给农户。听松书院在其中将作为诚信担保和客房经营平台，如果客房通过听松平台卖出，将抽取 20% 的房费作为平台费用。

听松 X 在 2016 年底主体完工，农户正式搬迁进新居。2017 年春，客房将投入使用。听松书院完成了与当地居民的第一次深度合作（图 10)。自此，听松社区的建设进入日程。我们开始思考听松社区的范畴。

听松社区第一个范畴是指听松周边的空间维度。包括听松及周边的一些院落空间，也包括听松周边的原住居民。我们希望听松的出现，可以帮助整个社区营造良性的建设

图8 听松书院大loft客房

秩序和人文环境。或者说，听松希望传播“美”。这个“美”，绝不仅仅是环境风貌的美，更重要的是人与人之间互相关爱和尊重的情感关系。在实践中，我们深深体会到了后者推行的难度。在真实的乡土，我们的经济基础太差，比经济更差的是“素质”教育的缺失。比如，去年秋天，县政府支持听松社区硬化道路，资助我们一部分水泥，剩余大概需要两万元工料费。没想到，修路的过程远比想象复杂，且多出的费用只能再由听松自己承担。

然而，听松依然希望构建真实的社群，听松希望“活在乡间”。因为，我和我的爱人回到故乡，是希望创立源自故乡土壤的文化事业。这个过程绝不是占有农村的资源（土地、矿产），也不仅仅是城乡交换的生意。我们希望在创立听松的过程中，带动一些有手艺的故乡人体验文化价值和思考的力量。我们希望听松可以成为年轻一代故乡人回乡发展的平台，他们留在故乡一样可以创造出价值，一样可以不负青春。当然，更为重要的是，听松要为下一代，甚至再后来的故乡的孩子们提供一种希望和自信。有一天，他们可以尽自己所能，用爱和信念守护故乡。

听松社区的第二个范畴是指在互联网的语境下，我们为所有关注听松的朋友们设立的“虚拟社区”。我们有一个自媒体平台“听松书院（T-S-S-Y）”，在这里大家可以关注听松的活动、课程和听松的态度，在这里我们把听松的粉丝定义为“听松社区”的居民，并昵称粉丝们为“松果儿”。当然，关注听松书院，成为“松果儿”的一员，在入住听松书院时都将享受八五折的优惠。我想，经营网络社群的意义不用赘述，除了积攒消费的用户，我们更希望聚合意趣相合的群体，这样我们将不再孤掌，更重要的是，我们会更有力量，不再轻易被击倒。

于我而言，听松书院的建设刚刚开始。从最初回乡养娃的个人理想，到服务更多人的文化空间，现实的听松书院要做的事情很多很多。在文化贫瘠的区域想实现书院的价值，在落后的北方乡村建设崇尚文化的听松社区……我们面临着很多现实的困难和压力，因为我们要承载地域文化延续的历史责任，要担当家乡文化的复兴和发展。

图9 听松文创——雍正帝印玺镇纸

图10 与村民合作的听松X庭院

基于新乡土生活方式构建的乡居建设与运营——以“大地乡居·龙船调”为例

Building and Running Residential Tourism Attraction for a New Rural Lifestyle: The Case of BES Villa Longchuandiao in Hubei Province

文 / 李　霞　于晓燕

【摘　要】

我国乡村建设历经百年，从民国时期的乡村建设运动到新中国成立后的土地改革、农业合作化以及新世纪以来的社会主义新农村建设，乡村建设的理论与区域实践不断进步。伴随着中产阶级崛起，乡村建设的路径与意义需被重新定义。本文以“大地乡居·龙船调”项目为例，从项目缘起、设计理念、空间构成、新乡土生活方式设计体现以及项目带动性等方面进行全面介绍，提出基于新乡土生活方式构建的乡居建设与运营，探索对乡村价值的重新挖掘与激活。

【关键词】

乡村建设；新乡土生活方式；大地乡居·龙船调

【作者简介】

李　霞　北京大地乡居旅游发展有限公司总经理

于晓燕　北京大地乡居旅游发展有限公司策划师

注：本文图片除标注外均由作者提供。

1 从乡村建设到新乡土生活方式营造

从20世纪二三十年代至今，我国乡村建设历经百年，从民国时期的乡村建设运动、集体化时期的农村建设到改革开放后的社会主义新农村建设[1]，乡村建设的理论探索和实际践行不断深化。

民国时期的乡村建设是以知识分子为先导，社会各界广泛参与的救济乡村或社会改良运动，主要通过兴办教育、改良企业、流通金融、办理地方自治与自卫、建立公共卫生保健制度以及移风易俗等措施，复兴日趋衰落的农村经济[2]，其中以1926年晏阳初在河北定县的“定县实验”运动和1931年梁漱溟在山东邹平、菏泽的“乡村建设运动”最为著名[3]。集体化时期的乡村建设，以新中国成立后的土地改革、农业合作化和人民公社化运动为代表，这一时期的乡村建设以上级意志为主，政府全面介入农村生产生活，所有建设活动都受国家体制支配，政治效益远大于社会效益，突出表现为“重生产、轻服务、先生产、后生活”的社会现象。改革开放后“三农”问题成为党和政府工作的重中之重，在城乡一体化和新型城镇化建设背景下，这一过程中社会主义新农村建设的重点集中于村庄空间调整和硬件设施的改造升级，大规模、高档次建设农民新村，忽视了包括乡村服务在内的软件设施建设，导致一些乡村有形无神与千篇一律的城镇化现象[4]。

伴随着快速的新农村建设，在广大乡村地区，村庄空心化、农民逃离、传统文化没落与经济衰退问题愈加严重，乡村发展面临着巨大挑战；另一方面，随着新中产阶级崛起，自驾游、大众游与全民休闲热潮的来临，相较于城市和传统景区，乡村成为承接中产阶级群体休闲消费的最佳场域，而不再仅仅是农民生产、生活的空间，其更加变成一个城市居民与乡村居民共同介入的新的生活场域。在这一双重背景下，传统的乡村建设观已无法满足城乡居民与乡村发展需求，乡村的价值需要被重新挖掘与激活，以新乡土生活方式下的乡居建设与运营探索为例，我们希望能够认真地思考乡村的综合价值，找到旅游导向的乡村发展的新路径。

新乡土生活方式空间，就是面向中产阶级日渐增长的乡村度假需求，利用闲置的乡村资源，以创意和设计手法深度演绎乡土文化元素，打造出带有浓郁地域标识的品质化乡村度假空间。这一空间以原创的设计与乡土的材料改造乡村生活空间，创新乡土环境艺术，发现并珍视乡村田园之美、文化之美、人情之美，将乡土之美与都市人“归田园居”的情怀融入其中，同时集合艺术家、文化人、设计师、创客等先锋群体，构建新乡村精英社交圈，导入精致的沙龙、市集等文化活动，提供一种美好的新乡土生活方式。在这一过程中，乡居建设倡导有社会责任感的生活态度，以帮助乡民、改造乡村，推动在地文化、在地生态与在地产业的复兴，并通过“乡村共同体”的组建，逐步建立起城市与乡村之间的良性互动关系。

2 “大地乡居·龙船调”项目缘起

项目地位于湖北省恩施州利川市白鹊山村向家湾，南部靠近318国道，距离利川市区12公里。

利川市地处鄂西南边陲，西靠蜀渝，与重庆四县两区交界，东接恩施，南邻潇湘，北依三峡，森林覆盖率达62.14%，平均海拔1100米，年均气温15℃，夏无酷暑，冬无严寒，被誉为“天然氧吧、避暑凉城”，历来是重庆、武汉两大火炉城市的避暑胜地[5]。当地依托便利的交通、区位优势，独特的气候、生态环境与浓郁的土家族民俗文化，以“建民宿、卖乡愁”为重点，大力发展民宿产业。目前全市有11个乡镇、1000多户参与民宿经营，仅2016年5~8月，利川市民宿接待游客量就达到65万人次，乡村旅游市场需求旺盛。但当前，利川民宿行业供给雷同，主要以餐饮、住宿为主，普遍为低端农家乐，产品品质不高、消费低端，无法与利川高品质的生态资源相匹配（图1）；同时，面对重庆、武汉等周边城市旺盛的

图1 利川现有的农家乐

图2 充分挖掘利川地方特色文化元素

中高端休闲度假需求，利川急需升级民宿市场、丰富产品体系。“大地乡居·龙船调”项目即以此为背景，面向中高端客群，开发深度体验利川自然品质与文化之美的乡村精品度假区和带动区域乡村发展与民宿整体升级的先锋示范区。

3“大地乡居·龙船调”项目设计理念与空间组成

3.1 项目设计理念

《龙船调》最初叫《种瓜调》，原本是群众逢年过节，划采莲船时常唱的一首民歌，早在20世纪80年代，就被联合国教科文组织评为世界25首优秀民歌之一和“中国民歌40首大联唱”优秀民歌[6]。在利川，龙船调不仅是一首民歌，以龙船调为代表的利川灯歌，同时也蕴含着当地土家族民众丰富的民俗风情。

项目地以“大地乡居·龙船调”命名，借助“龙船调”打造区域旅游IP，旨在通过“龙船调”项目建设，更深刻地展示利川人与自然生态和谐相处的生活理念、清江山水孕育出来的独特文化性格以及千百年来用智慧创造的灿烂的非遗艺术，并将这些元素加以提炼，通过设计与创意的叠加，呈现一种清江源头最美的新乡土生活方式空间，最终升华为一种高品质的度假体验。

在“大地乡居·龙船调”项目设计中，遵照敬重自然的传统理念，挖掘利川的清江源水、广袤农田、莼菜山药等乡土植物、黄连天麻等药用植物的乡土资源价值和开发利用价值，进行乡土景观改造，开发药食同源的养生产品，传播自然、健康的生活方式；深度挖掘利川本地风土人情，发挥土家人豁达、爽朗、勇敢、积极的性格魅力，开发亲乡土、深体验的娱乐项目和拓展运动，再现土家族人欢乐、勇敢的生活；同时，挖掘西兰卡普、坝漆、竹琴、木雕等本土手工技艺与灯歌文化元素，多元呈现利川舞蹈、歌唱、服饰文化，策划手作体验项目，开发极具利川IP的文创商品，包装游客深度感知利川、认识利川、记住利川的参与体验项目，打造艺术与创造的生活（图2）。

3.2 项目空间构成

“大地乡居·龙船调”项目总控制面积46800平方米，其中总建筑面积2000平方米，室外场地面积15960平方米（图3）。主体建筑包括白鹊山书舍、灯歌口述博物馆、牛栏手作工坊、时尚先锋民宿“大利”与五座时尚度假民宿“土舍”“花房”“竹影”“如歌”“鹊栖”；室外场地空间包括入口活动区、水井市集、竹林歌场、亲耕田园、赶山乐园与山林营地（图4）。

在项目地内，白鹊山书舍兼前台接待功能，叠加文创展示与文化休闲等多种服务，在保留传统风格的基础上，将入口处石砌建筑进行

图3 “大地乡居 · 龙船调”项目鸟瞰图

时尚先锋民宿
时尚度假民宿
山林营地
水井集市
牛栏手作工坊
赶山乐园
白鹊山书舍
灯歌口述博物馆
竹林歌场
时尚度假民宿
亲耕田园

图4 “大地乡居 · 龙船调”项目空间分布

整体改造，融入时尚设计元素，打造利川新乡土建筑的代表。灯歌口述博物馆集餐饮、文创、会议、活动等多功能于一体，改造场地内土家族转角楼，建设利川新乡土建筑的名片，创新“博物馆 +”系列业态，打造项目地最核心的公共活动与服务空间。牛栏手作工坊在现有牛栏建筑的基础上进行改造，作为西兰

图5 入口及白鹊山书舍设计效果图

马磊/摄

图6 入口及白鹊山书舍落地实景图

卡普非遗文化展示与手作体验区，用设计与手作实现一座乡土建筑的功能复兴。六座时尚乡土民宿以改造现有民居院落为主，导入设计与创意理念，打造时尚与乡土融合的度假住宿空间，传递高品质的新乡土生活理念，每一个民宿都是一个时尚的新乡土生活空间与情景化的文创商品展示空间。

入口活动区以入口标志物为核心，通过充满创意性的入口景观营造，打造项目地重要的入口景观形象。在场地内的公共活动空间，围绕现有水井，将石磨、石臼等乡村老物件元素融入其中，设计承载乡村文化记忆的景观空间，定期举办新老乡民共同参与的乡村文创市集，打造利川高品质农产品与乡土风物的展示售卖空间。竹林歌场以竹为主要景观元素，穿插水杉、杜鹃、黄连、木香花、栀子花等乡土植物景观，形成一座体现利川生态之美与植物之盛的自然艺术景观区，同时也是一个民族歌舞艺术与乡村新民谣表演的露天情景小剧场。整理场地东部农田区域，作为乡居专属有机食材供应基地与土家族农耕文化亲耕体验区。赶山乐园以体现土家族蛮性、勇敢的文化性格为主题，打造乡村无动力亲子乐园。结合登山步道的建设，选择相对开阔平缓的山野区域，布设露营位，形成一处融入自然的时尚露营空间（图5、图6）

4“大地乡居·龙船调”新乡土生活方式设计体现

在“大地乡居·龙船调”项目设计中，以利川传统文化为核心，从建筑设计、乡土文化、传统美食、乡土游乐与文创开发等多方面探索用现代创意手法激活原生态与民族性文化，兼顾度假体验的品质性与精品化需求，打造国际化的乡村度假设施与多元化的文化体验空间。

4.1 创意活化乡村建筑，营造新乡土生活空间

在龙船调建筑设计中，基于设计导入、整理风貌、微调空间、再造功能的建设理念，以原有建筑改建为主，保留原建筑主体结构与风格，根据使用功能与度假需求的变化进行内部空间改造，室内装饰大量运用乡土材料，提取西兰卡普传统纹样，设计屋内装饰形制（图7）。

4.2 梳理挖掘乡土文化，创新文化展示方式

在项目地设计中，注重对传统土家族灯歌文化的挖掘与传播，在

图7 时尚度假民宿设计效果图

图8 灯歌口述博物馆设计效果图

灯歌口述博物馆、白鹊山书舍与竹林歌场，全方位展示利川传统文化。

灯歌口述博物馆以灯歌艺术元素为主线，按照“一座建筑就是一座灯歌艺术的活态博物馆”的设计理念，搜集展示利川灯歌资源，设计灯歌文化展示区，以音频、视频等方式，展示利川传统灯歌、小曲与山民歌文化；馆内设立文化活动区，邀请民歌传承人现场表演，打造利川传统文化的活态展示区（图8）。白鹊山书舍内接待人员身着土家族传统服装，取灯歌“灯”之意，在游客登记入住时，向每位游客赠送一只手作灯笼，寓意“点亮乡村”；书舍内摆放利川相关文化书籍，游客可免费取阅；同时，书舍还会作为当地文化团体的主要活动区，定期举办文化沙龙与新书分享会等。竹林歌场以户外露天情景小剧场表演为主题，表演土家族摆手舞、肉连响等歌舞，展示土家族人欢乐、热情的生活态度。

4.3 整合乡厨美食资源，呈现精致化餐饮体验

利川莼菜、魔芋、山药、茶业、柏杨豆干远近闻名，在龙船调项目设计中，以利川传统食材为核心，充分挖掘传统乡土美食文化，邀请米其林大厨创意菜单设计，在灯歌口述博物馆设计餐饮体验区，以最原生态的健康食材，融合现代菜品设计，打造时尚、精致化的餐饮体验。

4.4 重塑乡土游乐方式，创新乡土教育体验

赶山，是土家族传统的围猎习俗，是土家人勇敢、蛮性的文化性格的集中体现。在项目地开发设计中，传承传统乡土游乐方式，结合现代儿童游乐体验需求，打造赶山乐园与亲耕田园。赶山乐园以儿童无动力游乐设施为主，邀请当地木匠创意设计儿童活动器材，打造最原真的乡土娱乐方式。在亲耕田园活动设计中，在土家族老农带领下，游客们可以参与播种、锄草、施肥、采摘、收获，亲身体验农作亲耕的乐趣，感受最直接的乡土教育，还可以认领私家菜地，购买纯自然生长的特色农作物（图9）。

4.5 创意开发乡村文创商品，激活乡村产业活力

利川土家族文化、地方土特产品资源丰富，在项目开发过程中，充分挖掘利川传统手工艺与灯歌文化资源，进行文创开发。以西兰卡普体验为主题，打造牛栏手作工坊，集西兰卡普非遗手作体验与文创工艺品展卖于一体，游客可以现场体验西兰卡普制作，购买西兰卡普创意手工艺品。

基于利川传统文化资源，在龙

图9 赶山乐园

图10 体现当地特色的文创商品

船调项目中，还设计了西兰卡普系列、歌词系列、农礼系列以及日用系列四大系列 26 种文创商品，开发西兰卡普抱枕、桌旗、方巾、包装袋、布面笔记本、手机壳、特色服装、利川灯歌歌词矿泉水瓶、胶带纸、包装丝带、T 恤衫、帆布包以及黄连皂、山药汁、红茶礼、有机山药饼干等一系列文创商品（图 10）。

同时，充分体现乡居项目的平台性特点，通过水井市集打造，吸引“铁娃公社”“酒哥的酒”等创客、手作艺人进驻。通过一系列手作、文创开发，全面展现利川文化魅力，带动乡村产业升级。

5“大地乡居·龙船调”项目带动：从龙船调到民宿小镇

伴随着中产阶级消费升级、创客返乡及投资狂潮掀起的乡创乡建新热潮，利川民宿先前的自由发展、业态单一、文化淹没及乡村社区发展割裂等问题急需解决。在“大地乡居·龙船调”项目的示范带动下，以白鹊山村、交倚台村、笔架山村、土桥村等村落为核心建设的民宿小镇，对于撬动整个利川民宿产业升级，推动利川旅游品牌价值、产业价值、区域价值与文化价值全面提升有重要意义。未来的民宿小镇，将是一个引领中国民宿升级的国家级特色小镇、一个多种高品质业态复合的乡村休闲产业集群与一个撬动利川全域旅游发展的目的地度假综合体。

在未来民宿小镇产业体系中，将以民宿产业为主导，以乡村自然生态环境为支撑，集民俗体验、文创开发、儿童乡土教育、户外休闲、乡土美食等多元业态于一体，构筑吸引物空间、体验商业空间、户外游憩空间与活动集散空间四大空间与住宿、文创、美食、户外、农作、教育六大产业体系，实现利川民宿由单一住宿功能，向多元产业扩展，打造民宿小镇发展的“利川模式”。

6 结语

中国进入高城镇化率的时代，多种形式的乡村建设在各地悄然兴起，基于新乡土生活方式下的“大地乡居·龙船调”乡居建设与运营实践，是新时期乡村建设的一种新的探索，通过乡村资源的重新审视和设计开发，致力于寻求以旅游推动乡村复兴之道。

参考文献

[1] 吴业苗. 农村社区服务模式的回顾与前瞻——从乡村建设运动到新农村建设[J]. 人文杂志，2015，12：102 – 110.

[2] 王景新. 乡村建设的历史类型、现实模式和未来发展[J]. 中国农村观察，2006，3：49 – 53.

[3] 周伟权. 放宽历史的视界——简评中国乡村建设运动的得与失[N]. 中共银川市委党校学报，2007，2(1)：22–25.

[4] 同[1].

[5] 百度百科 . 利川：https://baike.baidu.com/item/%E5%88%A9%E5%B7%9D/962124?fr=aladdin.

[6] 百度百科 . 龙船调(民歌)：http://baike.baidu.com/link?url=ulcPFLOsU_z7HsUX4Sr–u9mwaVtwg9h1FqITS0IRAhOKN9vSdowMxSVfO1INt1HxVpmmOexcdA6NCPpr1uyZwnLTIxxES7L4S5y8SOF6aCA_9nQwB8UthOTVND60cc4h.

甘孜州泸定岚安乡村

信息技术支持下的乡村重构

Rebuilding Rural Areas with Information Technology Intervention

梁春晓　淘宝村：构建信息时代的乡村复兴服务体系

赖建宇　地理信息交流支持下的乡村旅游发展："e 城 e 乡"的探索之路

张圣琳　村客松（Transkathon）：基于互联网的跨学科乡村复兴规划设计实验教学方法

图片来源：甘孜藏族自治州旅游发展委员会提供

淘宝村：构建信息时代的乡村复兴服务体系

Taobao Village: Creating a Rural Area Regeneration Service System in the Information Era

文 / 梁春晓

【摘 要】

人类正在从工业时代向信息时代转型。新基础设施（云网端）、新生产要素（数据）和新结构（共享）是信息时代的三大特征。新田园由此浮现，新乡贤由此兴起。新乡贤是信息时代乡村商业创新和社会创新的主体，淘宝村是新乡贤带动下的信息时代的商业创新和社会创新。未来将形成由小前端（新乡贤）、大平台（乡村共享服务）和富生态（村民、平台、小前端和服务机构等）构成的信息时代的乡村服务体系。

【关键词】

乡村复兴；信息时代；社会创新；网络公益；淘宝村

【作者简介】

梁春晓　阿里研究院高级顾问，信息社会50人论坛理事

注：本文图片均由作者提供。

乡村、农村、农民、农业，这些词，常能拨动每一个中国人最深处的心弦。不论你现在做什么工作，不论你现在在哪里，三代以前恐怕都在乡村，或与乡村关系密切。我生长在四川，但祖籍在山东，每次同父母回老家，都会叫一声这位亲戚，叫一声那位亲戚，这些亲戚你或许一个都不曾认识，但总会有一种感觉油然而生：正是由于这些你仅见过一面，或者见了一面也不一定记住的亲戚的存在和坚守，你才晓得你的根在哪里，否则，你就成了在世上到处漂泊的没有根的人。

十多年来，在以互联网为核心的信息技术的推动下，技术、经济、社会和文化等方方面面都在发生深刻而全面的变化、变革和转型。乡村、农村、农民、农业也出现了许多令人鼓舞的变化、变革和转型，需要以新的视角、新的思维、新的范式来思考、适应、实践和促进之，需要一场新的信息时代的乡村商业创新和社会创新。

1 从工业时代到信息时代

人类正处于一个前所未有的大时代。身处这样的时代，既需要丰富的历史积淀，也要有很强的前瞻意识，要尽量看得远一点，再远一点。今天所做的每一件事，都是面向明天和后天的，必须要有未来感。在这个世界上，做很多事情都需要理由，但至少有一件事情是不需要理由的，这就是关注未来，因为“除了未来，你一无所有”。

这个时代最重要的特征是从工业时代向信息时代的加速演进。互联网在中国经历了从工具、渠道到基础设施等一系列的演进阶段，其对经济、社会和文化的影响逐步凸显出来。今天，在经济、社会和文化的各个领域都在发生一些非常重要的转型和变革，其重要程度恐怕只有一件事情可以与之相比，那就是200多年前从英国开始的工业革命。工业革命兴起之时，许多存在上千年的东西，仅仅几十年间就被瓦解了，不存在了，或者失效了、不重要了。人们今天看到的许多现象，如乡村衰落，都是工业革命的结果，并一直持续至今，影响和决定着中国经济、社会和文化的方方面面。

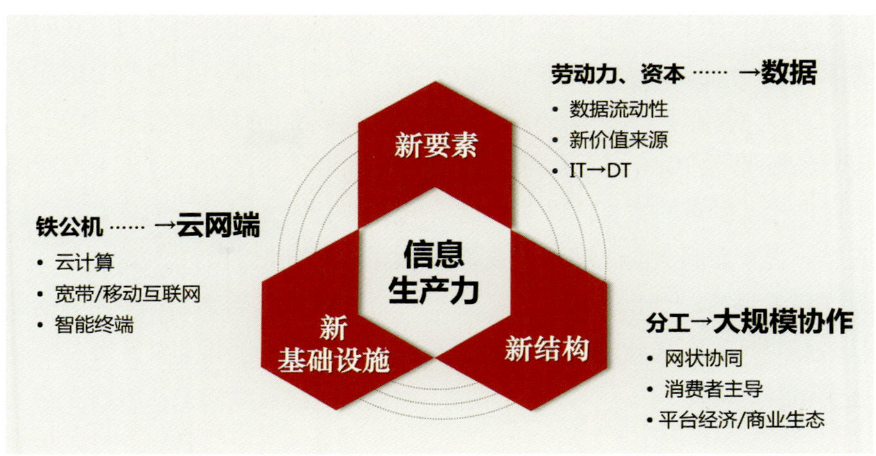

图1 信息时代的特征与动力 **图片来源：阿里研究院**

历史是螺旋式上升发展的，是否定之否定，继工业革命和工业时代之后，人类又开始进入一个新的时代，即信息革命和信息时代。在以互联网为核心的信息技术的推动下，信息时代有三个重要特征（图1）。

一是新基础设施，即云网端，亦即云计算、互联网和智能终端。今天人们的工作和生活之所依赖，除了土地、铁路、公路和机场这些农业时代和工业时代已经存在的基础设施外，又加上了云计算、互联网和智能终端这些信息时代的基础设施。几乎人手一部的智能手机正是新基础设施的组成部分。

二是新生产要素，即数据。继人们熟知的土地、劳动力、资本和企业家才能等之外，数据正成为越来越重要和关键的生产要素。进入信息时代，人们必须对数据高度敏感、高度重视。

三是新结构，即大规模协作和共享。分工与共享好比一个硬币的两面，相辅相成，同时存在，如果说工业时代重在分工，那么信息时代则重在共享，而且是大规模协作、大规模共享。

淘宝网就是这样一个信息时代的基础设施，其上有云计算，有互联网，有智能终端。消费者在淘宝购物约有80%是通过手机完成的，也就是通过移动终端、移动互联网完成的，所以淘宝网是信息时代的新基础设施。这意味着人们的购物、消费，跟以前人们习以为常的在工业时代的商场、超市购物和消费完全不同，这是两种完全不同的格局，两种完全不同的基础设施。

淘宝平台上聚集了海量买家、卖家和服务商，如4亿多消费者，10亿多件商品，每天产生2000多万个包裹，以及1000多万家商家等，由此产生了巨量的数据，这些海量买家、卖家和服务商之间又形成了大规模的协作与共享（图2）。这正是信息时代的新基础设施、新生产要素和新结构。

2 信息时代的“新田园”

每个时代都产生和形成了每个时代的基础设施。随着时代的演进，各个时代的基础设施不断叠加于其上，就像地质层或文化层一样，基础设施也由多个层次构成。基础设施渐次叠加和多层化的结果，使基础设施之上的交易成本越来越低，效率越来越高，支撑共享的能力越来越强。农业时代，基础设施主要表现为土地；工业时代，基础设施主要表现为铁路、公路、机场和现代城市，主要特点是支持规模化、规模经济。正是在规模化、规模经济的发展和冲击下，乡村开始衰落，越来越多的人从乡村转移到城市。这是因为在工业时代基础设施的支撑下，城市拥有更高的效率和劳动生产率，能获取更高的收入。

信息时代，在工业时代的基础设施之上，又往上叠加了云计算、互联网和智能终端等信息时代的新基础设施。这就出现一种新的可能性，即许多原先从乡村转移到城市的人们，有可能借助有更高效率和劳动生产率的信息基础设施与农业基础设施，回到乡村，回到互联网时代的“新田园”（图3）。

这是今天思考乡村和三农问题的一个新的出发点。我们不可能完全回到农业时代来思考乡村和三农问题，也不可能全然以工业时代的思维来思考乡村和三农问题，我们需要新的信息时代的思维。

在互联网特别是电子商务的发展中，有两个主体非常重要：一是网商，即在互联网上从事商业活动的企业和个人；二是网商赖以生存和发展的电子商务平台，比如淘宝网。这样的电子商务平台，在全国超过7000个。网商与平台之间的相互促进、相互拉动、良性循环，是十多年来电子商务快速发展的关键动力。

3 信息时代的“新乡贤”

一个时代的发展，很大程度上取决于行为主体的推动。新乡贤就是信息时代推动社会创新的主体。

由技术引发的创新一般要经过三个阶段，即技术创新、商业创新和社会创新。纵观中国互联网发展，2000年以前重点是技术创新；2000年以后重点是商业创新，涌现出大量新的互联网公司和商业模式；近年来，互联网开始进入促进社会创新的阶段，互联网在社会创新中的作用日益显现和重要。

回顾历史，一个时代的技术进步常常与那个时代的社会问题相结合，

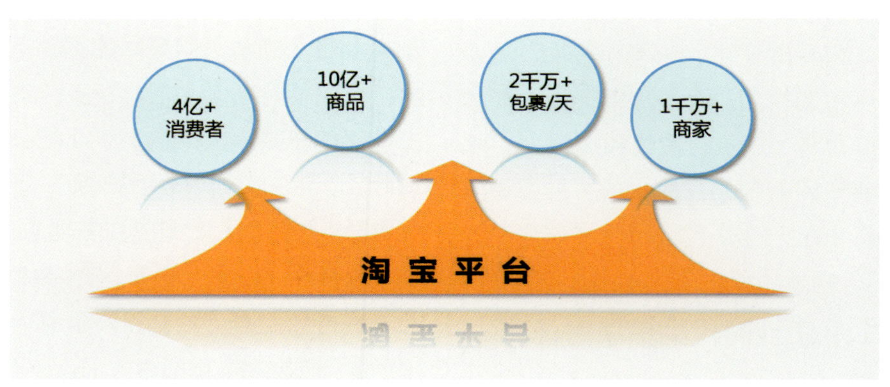

图2 大规模协作与共享（以淘宝平台为例） **图片来源：阿里研究院**

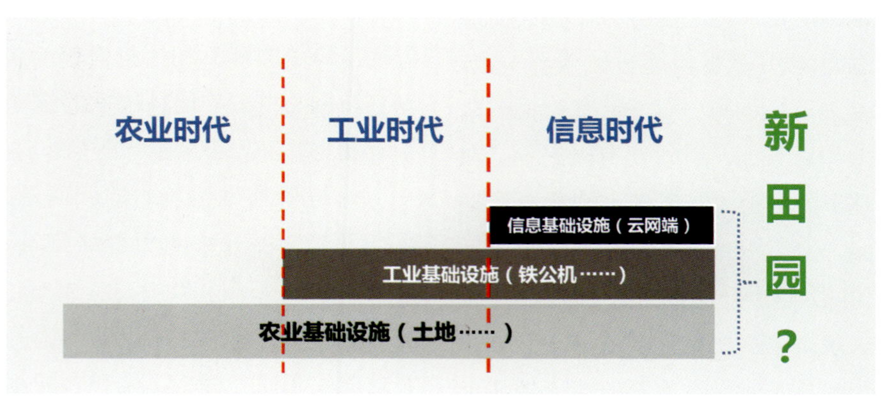

图3 信息时代的新田园

促成那个时代的社会创新。比如幼儿园和社会保障，就是150年前的社会问题与当时技术进步结合以后的社会创新的产物。今天的技术进步能否与今天的社会问题相结合以推动今天的社会创新，包括今天的乡村问题？

近年来，互联网正在展现对社会创新的强大推动力和创新能力。互联网对社会创新的推动主要体现在传播、赋能、聚合和协同四个方面，由此涌现出许多互联网推动社会创新的成功案例和模式，如公益平台、平台公益、微金融、电商扶贫、公益传播、众筹等。总而言之，在社会主体、社会组织、社会生态、社会治理乃至社会文明等各个方面，都出现了互联网推动社会创新的苗头和成功案例。互联网开始成为社会创新的动力，而不仅是商业创新的动力。深圳市残友集团与淘宝网合作多年，通过残疾人做网上客服（云客服），实现残疾人有尊严地就业和生活，就是一个通过技术手段解决社会问题的好例子。

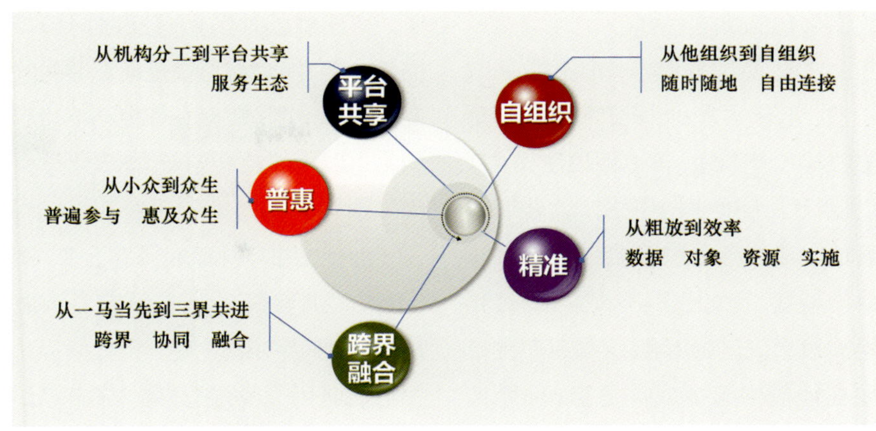

图4 信息时代的社会创新

4 信息时代的社会创新

在互联网推动下，社会创新将朝着平台共享、自组织、普惠、精准和跨界融合五个方向发展（图4）。

（1）平台共享。2016年底，一位很有情怀和行动力的公益人，发起一个网上募款活动以帮助另一位长期致力于保护红豆杉林的当地教师。这位教师为了保护家乡的红豆杉林借了6万元高利贷，两三年间利滚利变成了20多万元。这位公益人通过网上募款，仅用了半个多月就募集到20万元，帮助他还清了全部高利贷。试想，如果这位教师当初急需6万元的时候不是孤军奋战，而是有这么一个网络平台支撑，恐不至于陷入如此境地。

（2）自组织。古村之友就是一个很好的基于互联网平台实现自组织的成功案例。

（3）普惠。互联网推动下的社会创新大幅度降低捐赠、公益和社会创新的门槛，让更多的人参与进来，包括公益人、捐赠人和受益人。

（4）精准。比如精准扶贫、电商扶贫。

（5）跨界融合。在互联网的推动下，社会创新不仅是公益界和社会组织的事，更是政府、企业和社会三界协同共进的事。

5 乡村复兴与社会连接

关于互联网，有几个重要的关键词：一是“连接”；二是连接之后的“互动”；三是互动之后的“激活”，即激活社会连接；四是“信任”；五是“重建”，即重建被解构和消散的社会结构；六是“共享”，即共享经济发展成果、共享文化。

尤努斯创立的格莱珉银行，主要针对偏僻、贫穷的乡村，面向那些从不敢奢想成为银行客户的极端贫困人群。这些人群不仅与富裕人群没有连接，彼此之间也缺乏连接。格莱珉银行所做的，是将他们组织起来，五六个人一组，定期开会、交流，从而建立和形成社会连接和社会关系。一旦有了连接，他们就开始拥有社会资本。一旦有了社会资本，他们就有可能将其转化为金融资产。正是有了以这种方式形成的社会资本，这些原本绝缘于金融体系之外的人群才有可能获得金融支持。

为什么没有金融资产？因为没有社会资本。为什么没有社会资本？因为没有社会连接。这就是格莱珉银行的逻辑和故事。

6 乡村复兴与淘宝村

在互联网和电子商务的推动下，各地涌现出数以千计的淘宝村，呈现从淘宝村向淘宝镇聚集，并有新型城镇化的苗头。据学者秋风的研究，与西方工业化进程中工厂大都出现在大城市不同，在20世纪二三十年代中国工业化进程中，许多重要的民族产业是在乡镇特别是江南的一些乡镇出现的。究其原因，是与中国传统文化有密切关系的。

在发展过程中，一定不能采取机械、粗暴的方式，一定不能罔顾历史积淀和复杂性，简单地搞所谓“顶层设计”、随意推倒重来。这些做法看似干净利落，实则后患无穷，甚至非常愚蠢。比如，2008年5·12汶川地震极重灾区青川县，县城90%的房屋在地震中垮掉或成危房，而距离县城仅几十公里的清溪镇，在20世纪50年代以前的上千年间一直是青川的县城所在地，在此次地震中却损失很小。一个县城建在那儿且持续上千年，多半有其不可轻忽的缘由，不可不慎重对待。

淘宝村是自然涌现、演进和形成的，而不是被人为“打造”出来的，甚至也不是阿里巴巴特殊支持出来的。阿里巴巴所做的只是建立淘宝网这样的电子商务平台，构建人人都能使用的信息时代的基础设施。于是，在某些地方，就会有一个或一些特别有激情、活力和创新力的年轻人，在他们的带动下，借助乡村本就存在的“熟人社会”迅速扩散和普及，形成了越来越多的淘宝村、淘宝镇。

2009年，仅在义乌、苏北和河北就发现了三个淘宝村。到2016年，淘宝村已经增加到1311个。预计到2020年淘宝村会增加到10000个。目前最大的淘宝村，网销额已经从2010年的3亿元快速增长到2016年的约60亿。此外，还出现了不少特色淘宝村，网上销售具有浓郁地方特色的传统产品。

在每个淘宝村，都能看到有激情、有情怀、“胆大妄为”的年轻人，在他们的带动下，新的产业起来了，淘宝村形成了。这些年轻人就是新乡贤，就是信息时代具有互联网精神的新乡贤。淘宝村不仅是信息时代的商业创新，更是在新乡贤带动下兴起的信息时代的社会创新，意义十分重大。

为什么在乡村涌现出那么多“淘宝村”“淘宝镇”，而在城市没有发现什么“淘宝小区”呢？究其原因，很可能是因为乡村是“熟人社会”，有亲缘关系，有信用基础，一个好的创新都会很快传播和普及开来。城市则不然，即使相邻多年，可能依然没有什么连接或交往，更谈不上信用。除了同村传播和普及，由于村与村之间广为存在的亲缘关系，或有嫁过去的，或有娶过来的，淘宝村由村及村、由村及镇、由镇及县迅速扩散。服务于乡村网商的电子商务服务商也随之出现，有做人才服务的，有做快递物流服务的，有做摄影服务的，等等，催生出丰富多彩的本地化电子商务服务产业。

在苏北，徐州市睢宁县沙集镇，2010年第一次去的时候，与淘宝村相关的就业大约3000人，已经很了不得了，因为之前这个镇的劳动力大都外出打工，淘宝村兴起之后村民大都返乡了。2016年第七次去的时候，与淘宝村相关的就业超过4万人，并带动了一系列周边服务业的兴起。特别令人鼓舞的是，淘宝村的兴起使原先因大量青壮年外出打工而残缺不全的许多乡村家庭重归完整，极大地消解了留守妇女、留守老人和留守儿童的问题。

同样在苏北，宿迁市沭阳县出现了一大批主要经营花卉苗木的淘宝村，年销售额好几十亿。一个村里有一位76岁的老人与他78岁的老伴开淘宝店，以“一指禅”操作电脑，在网上卖竹竿，每个月也能收入好几千元。

在新疆喀什，在深圳和喀什的年轻人的推动和带动下，建立了拥有上千农户的维吉达尼（维语“良心”）合作社，通过互联网销售当地土特产品，为大量维吾尔族农户带来了实实在在的收入。

7 网络公益

网络公益也是互联网时代一项重要的社会创新。以支付宝平台为例，到2016年底，支付宝爱心捐赠额超过6亿，捐赠次数超过1.5亿次，次均捐赠4元。凡事都有成本，行善、做公益也有成本，如果成本太高，就形成了门槛，就会在客观上屏蔽无数小额公益。互联网的最大优势就在于降低交易成本，通过互联网降低行善和做公益的门槛之后，人人公益成为可能。蚂蚁金服平台数据显示，70后、80后、90后是网络捐赠的主力军，70后、80后捐赠金额超过七成，更令人欣喜的是，90后捐赠人数超过一半。这些数据，令人对未来充满希望（图5）。

8 信息时代的乡村服务

未来会有越来越多的人成为自由职业者或多重职业者。有调查显示，95后大学生有一半选择不就业。但是，不就业不等于不工作，可以选择在家里工作，可以选择做自由职业者或多重职业者，网商特别是乡村网商就是这样的工作状态。未来，人们可以每天参与不同的项目，或者同时

2015年，主要四家网络募捐平台微公益、腾讯公益、蚂蚁金服公益、淘宝公益共筹款9.66亿元，较2014年增长127.29%。蚂蚁金服公益平台数据显示，70后、80后、90后是目前网络捐赠的主力军，70后、80后所捐金额占总额的七成多，90后则捐赠人数占比过半。

图5 网络捐赠

参加几个项目，成为信息时代基础设施上的自由连接体。未来，每个人可能也应当是某个方面的专家，类似U盘一样，可以灵活接入各个电脑。这是未来普遍的存在和工作状态，相信也是新乡贤的存在和工作状态。

漫步在淘宝村里，你可能不时会听到喇叭里传来的淘宝旺旺的“敲门声”，这是因为一些农民网商给电脑接上了喇叭，以确保在做饭或干别的活时不会错过从淘宝来的生意。这就是在家工作。

未来，人与人的合作将越来越基于平台和生态，越来越呈现出小前端、大平台、富生态的格局。新乡贤和小型公益组织作为一个个直接服务于乡村的小前端，满足乡村各种各样的个性化需求。众多小前端依托大平台，比如古村之友这样的公益共享服务平台，最后形成由村民、小前端、平台和服务机构等构成的丰富的乡村服务生态系统（图6）。

古村之友可能成为这样的大平台，可能会进一步扩展和丰富，可能会有越来越多的服务机构聚集于其上，服务机构可能面对各种不同的乡村或村落，但核心是新乡贤。无数新乡贤以社群化、多样化、网络化和分散化的方式推动信息时代的乡村建设和复兴。

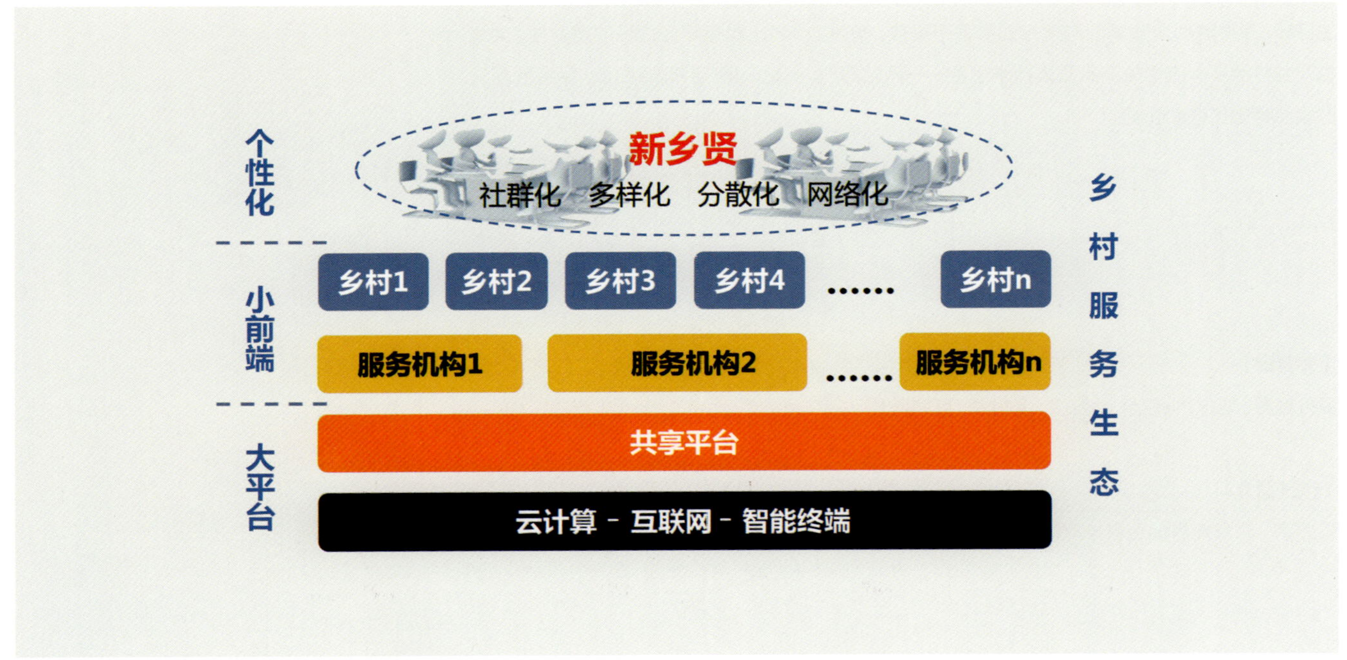

图6 信息时代的乡村服务

地理信息交流支持下的乡村旅游发展——“e城e乡”的探索之路

GIS-supported Rural Tourism Development: A Case Study of antowncloud.com

文 / 赖建宇

【摘 要】

本文从乡村旅游及其背后的相关因素入手，分析了互联网、新媒体（特别是微信）与乡村旅游的关系。文章以空间场所、乡镇村落、景区景点、涉农商家等地理大数据与乡村旅游、大众群体之间的关联出发，以antowncloud.com的“乡村圈”平台为例，从乡村信息化现状、乡村圈的目标、乡村地理大数据的构建方式等多个维度，阐述了乡村大数据平台建设的重要性。文章也对乡村圈平台的相关产品及其技术思路——网站门户、一村一网、手机端App、后台数据管理软件等做了详细介绍。

【关键词】

乡村旅游；地理大数据；e城e乡；乡村圈；互联网+

【作者简介】

赖建宇　南京安唐信息科技有限公司董事长，"e城e乡"乡村互联网平台发起人

注：本文图片均由“e城e乡”提供。

1 乡村旅游很火

1.1 乡村旅游：三个“大”

2016年10月28日，“中国（袁家村）乡村旅游高峰论坛”在陕西咸阳礼泉举行。此次论坛上，中国社会科学院舆情实验室首次正式发布《中国乡村旅游发展指数报告》（以下简称《报告》）。该报告指出，我国乡村旅游已经从过去的小旅游、中旅游进入到“大旅游时代”。这个“大”，体现在三个方面：

（1）规模大。2015年乡村旅游人次达13.6亿，平均全国每人一次，是增长最快的领域。

（2）产业大。乡村旅游不再是小打小闹的农家乐，不再是简单的“农村旅游”或“农业旅游”，而是成为一个与城市相对应的空间概念，有望达到万亿级规模。

（3）影响大。伴随着对绿水青山乡愁的渴望，乡村旅游吸引了政府、企业、社会大众的广泛关注，正在成为新的城镇化发展和转型创新主题，成为人们新的生活方式。

1.2 乡村旅游：背后的推手

根据《报告》，乡村旅游市场背后的推手主要有五个：政策引导、城镇化拉动、汽车普及、投资驱动、新消费革命。过去10多年来，国家对乡村旅游的大力支持，成为乡村旅游快速发展的重要推手。过去30年的快速城镇化，使乡村旅游不仅成为城里人释放压力、休养生息、亲近自然的最佳形式，也成为人们寻根和消解乡愁的途径。而汽车的普及，则使自驾游游客占到游客总数的一半以上，其中三分之一是乡村旅游者。此外，旅游投资额中，2015年，我国整个旅游行业投资达到1万亿元以上，其中三分之一的投资与乡村旅游相关。

进入2016年，国家及各省发布的一系列“特色小镇”政策，引起乡村旅游及新型城镇化的一波新热潮。以国内旅游业巨头——华侨城为例，今年以来，华侨城在四川、云南、深圳、山西等地大举斩获古镇、著名旅游景区用地，总投资已达数千亿元，其中特色小镇项目占了一半。这种连接城乡的“文化＋旅游＋新型城镇化”的发展思路，带动了很多民间资本的跟进，给原本已经火热的乡村旅游市场再添了一把火。

1.3 乡村情结：乡愁、乡土、乡情

作为乡村旅游的主体，城市人的乡村情结是其中一个非常关键的因素。中国现在城市人口的一半是过去30年从农村来到城市的，城市人与乡村的纽带，从来没有被真正割裂开。对大多数人来说，乡愁不是一句空话，而是故乡、乡情、亲情的延续。当城乡之间的物理距离被不断开通的高铁线、不断普及的私家汽车越拉越近后，很多人突然发现：乡村既在我们心中，也在我们身边。

最近几年，身边从事与乡村相关事业的朋友越来越多：志愿者、社会组织、文创企业、民宿客栈等，带商业目的的，不带商业目的的，几乎涵盖了乡村的所有产业（从旅游到古建，到教育，到户外，到投资，到回乡种田等）。微信朋友圈中，空心村、留守儿童、古村落、乡土文化、隐秘的乡村桃花源，小众而唯美的民宿等话题，频频成为刷屏的讨论话题。

有人说，2014年湖南卫视“爸爸去哪儿”的播出，是乡村旅游热的导火线，而2016年是中国乡村旅游的元年。笔者认为，乡愁、乡情、乡土的魅力所在，才是乡村旅游持续发展最大的动力。

1.4 新媒体及微信的作用

《中国乡村旅游发展指数报告》显然忽视了互联网、新媒体等对乡村旅游的传播和宣传作用。中国A级以上景区有7000多家，其中乡村景区占50%以上，不少乡村景区长期处于“养在深闺人未识”的状态。而近年来，随着新媒体（特别是微信）的普及，借助一个事件、一个大V转发、一条旅游攻略、一个公众号文章，而在一夜之间名声大噪的例子比比皆是。很多人对浙江松阳平田村、陕西袁家村的了解，就是开始于微信的介绍文章。

新媒体为什么能起到这么大的作用，其实跟乡村旅游本身的特色有很大关系。

（1）乡村旅游主要面向周边游、周末游、自驾游，因而带有很强的地域性和社群性。这一点与微信朋友圈、微信群的传播机制，有着高度的契合。

（2）不少乡村旅游目的地，是无景区的，一片花海、一口枯井、一个传说、一首古诗、一栋老宅、几张照片都可能成为吸引眼球的亮点。而新媒体的“病毒式”快速传播能力，渗透力远远强于传统媒体。

（3）乡村旅游更多的是一种以游客为中心的体验——方式自由、地域开放。这种随机随性的旅游方式，让很多游客只能是借助手机和微信，

获取更及时、动态的资讯和推荐。

（4）对很多不为人知的村落和乡村景区而言，新媒体提供了一个低门槛的进入机制。

2“互联网+”也很火

2.1“互联网+乡村”

说到“互联网+”，最近也很火。先是各行各业，都来拥抱，都要“+”一下。后来又出现不少反思和反对的声音。笔者的观点是，一方面，对于很多传统行业来讲，互联网不是去产能、减库存、增销售的灵丹妙药：一个餐厅菜品不行、卫生不行，客户不上门，互联网救不活这个餐厅；一个景区特色不够、服务不行、门票太贵，加互联网也起不了多大作用。但是另外一方面，一个本来口碑不错的农家乐或者民宿，或者一个独具特色的乡村景区、乡村土特产，可以通过“互联网+”吸引更多的人群和人气，甚至一夜爆红，也是不争的事实。

能够受益于“互联网+”的，不仅仅是乡村旅游。全国有70万行政村，有条件发展乡村旅游的，毕竟只是其中少数部分。农村电商就是另外一个可以与互联网拥抱的万亿市场。通过互联网的介入，一方面，农村市场的消费潜力得到释放；另一方面，城镇人口对农产品以及农村消费品的需求得到满足。我们最近碰到一个有趣的案例，是希望借助“互联网+”，在农村土地、合作社、农民与城市消费者之间，搭建一个代耕代种的网上社区。这种模式在传统的社区支持农业（CSA）上做了进一步延伸——消费者完全借助互联网及高科技手段，了解掌握所租土地或农场的生产情况，再通过互联网及网上社区实现农产品的自给、分销、团购、众筹等。

2.2 旅游信息化与乡村旅游

如果把“互联网+旅游”理解成旅游与信息化（IT）的某种结合，其实这种结合早就有了。旅游行业整体的信息化程度体现在几个方面。

（1）OTA的旅游业务管理系统，主要解决宾馆酒店门票等网上预订、库存管理、线路管理等问题，这是OTA的业务核心，无论是内部面向管理人员，还是外部面向用户，都是不可或缺的。这部分信息化程度已经非常高。

（2）政府主导的景区信息化系统建设，常常与智慧旅游、智慧景区等词一起出现。

（3）面向大众游客的互联网站，既有综合型，也有垂直细分型。比如：大的OTA综合网站（携程、去哪儿等）、宾馆酒店等垂直信息类网站（百度、大众点评、订餐小秘书等）、旅游目的地及攻略类细分网站（蚂蜂窝、乐游、携程旅游）、更为小众的地域性或专业类细分旅游网站。

（4）景区、景点自我推广的网站等，除了网站外，还有微博、微信等其他推广方式。

虽然看起来旅游信息化水平不低，但还是存在很多问题。

（1）很多智慧旅游系统，重管理，而轻营销与服务。

（2）很多景区上了硬件（装了WiFi、门禁、一卡通、视频监控等），但软件应用系统建设跟不上。以至于景区的室外大屏，除了播放几个宣传片和通知公告，就没有任何其他内容了。

（3）景区信息化，重景区本身，而忽视游客的参与。建设了系统，管理很强大（管车队、管视频、管人流、管线路等），但真正面向游客的应用很少。

（4）旅游信息化方案（无论软件还是硬件），大多围绕景区而建，但是对“无景区”的乡村旅游怎么办却没有答案。

（5）对用户来说，乡村旅游的游前信息查询、游中参与互动、游后分享发布等，都十分匮乏。

（6）大量乡村景区、农家乐、采摘园以及传统村落，如何借助“互联网+”，实现发展和保护仍有待解决。

2.3 微信公众号：硬币的两面

好在我们还有微信，还有运营门槛和成本都较低的微信公众号。所以大家的朋友圈、各种微信群里充斥了各种乡村旅游的公众号文章——景区介绍、商家推广、活动宣传等。这种转发量很多的公众号，一般来源于这样一些主体。

（1）各级政府机构，以省、市、县级的旅委、旅游局为主。以及基层镇、村级的微信公众号。

（2）各种大小景区公众号，包括各种小微涉农企业的个人或企业公众号（民宿、农家乐、农庄、采摘园等）。

（3）以及开通个人或企业公众号的各种基于地域的本地论坛、媒体公司、旅行社、户外兴趣俱乐部等。

（4）各种文化、乡建、电商、旅游等方面的社会组织、公益基金、互联网企业、网络社群等，包括“e城e乡”平台。

这确实是好事，放在以前是不可想象的，农家乐老板、民宿掌柜、采摘园庄主等可以很方便地开通公众号为自己做宣传和推广。但另一方面，微信的红利正在快速消退。有数据显示：现在有微信公众号1.6亿个，平均每8个中国人中，就有一个有公众号，这个数字以每天8000个在增长。也就是说每分钟有5个新的公众号产生。

不难想象，公众号满天飞的下一步，一定是无人访问的僵尸型公众号越来越多，无人阅读的公众号文章越来越多，最终导致绝大部分小微涉农企业、村落、乡村景区的公众号，淹没在籍籍无名中。很多县级、市级、省级旅游局、旅委的公众号，目前也都是在推送静态文章。因为没有与订阅用户的进一步互动，已经处在无人问津的状态。

3 地理大数据

3.1 大数据、数据分析及地理大数据

说到数据，最近也是相当火。大数据、数据分析、机器学习等在各个圈子里都是热门话题。何为大数据？虽然并没有统一的定义，但广泛认同大数据的“大”，主要表现在：数据量大、结构多样、动态性高、应用性强等几个方面。一个有趣的大数据应用案例是：全球零售业的巨头沃尔玛在对消费者购物行为进行分析时发现，男性顾客在购买婴儿尿片时，常常会顺便搭配几瓶啤酒来犒劳自己，于是推出了将啤酒和尿布捆绑销售的促销手段。如今，“啤酒+尿布”的数据分析成果变成了大数据的经典“啤酒奶爸”案例。

显然，从数据中找出关联，是大数据的主要用武之地。大数据分析，通俗地说就是从这些繁杂的、来自不同源头的、各种类型的数据中，通过统计分析等手段，找出事物的发展规律并预测未来发展方向。前面提到的《中国乡村旅游发展指数报告》，就是通过大数据推演预测，未来中国乡村旅游热还将持续10年以上，2025年将达到近30亿人次。

在微观层面，数据之间有多种关联性：关键字关联、语义关联、位置关联等。地理数据，顾名思义，是指数据中包含位置信息，即经纬度坐标。有一种说法，在可以想象到的所有数据总和中，80%左右与空间位置直接或间接有关。因为这个原因，用地理位置作为线索来“关联和分析”各种显性和隐性的大数据，也成为很多领域（如土地、规划、交通等）的热点研究课题。

3.2 “e城e乡”的起源，为什么做“乡村圈”？

“e城e乡”起源于几个维度的交叉。首先，我是学建筑学出身，对场地、位置，以及物质空间带有本能的兴趣。后来去美国读规划，从初步接触，到后来全身心投入到地理信息系统的底层研发中，其实一直都是围绕“空间”做文章。不同的是，前者微观，后者宏观；前者物质，后者抽象；前者定性成分多，后者则主要是定量分析。虽然方法和角度不同，对场地和位置的专注却是一致的。再后来，回国参与设计和研发了一些国家级及省级的信息系统后，萌生了把城乡物质空间、地理信息、数据分析三方面结合起来，做一个面向社会大众的互联网平台的想法，这就是“e城e乡”的萌芽。

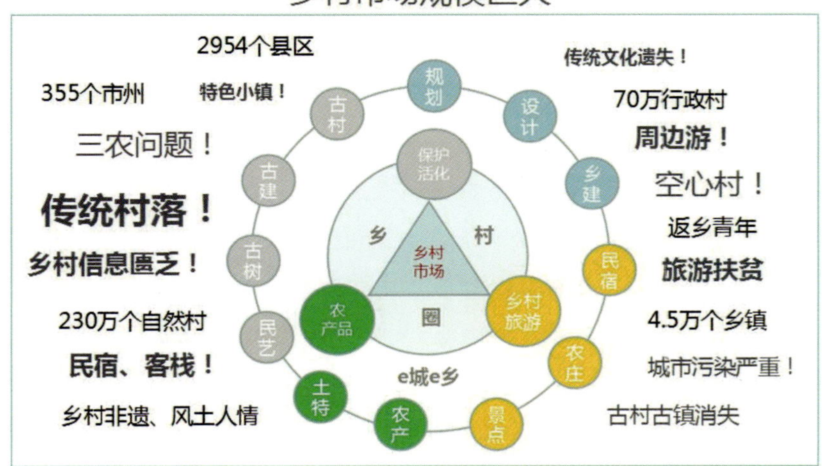

图1 目前乡村信息化市场各自为政，互不相连

“e 城 e 乡”里既有城，也有乡。我们先推出“乡村圈”，完全是因为乡村在信息化方面基础更薄弱、数据更匮乏、需求更迫切。常有朋友问：你们是不是在走“农村包围城市”的道路？这个真没有。但是随着“乡村圈”平台在技术及运营方面的逐步成熟，我们确实在考虑城市。20 世纪 90 年代初，我读建筑系研究生时的毕业论文就是《城市商业区位及传统商业街道更新研究》，时隔近 30 年再重新看我们的城市和街区，换一个视野，用一些新的技术手段，感觉是一件非常有趣的事情。

乡村这个市场，这几年越来越热，来自各行各业关注的人群也越来越多。我们没有选择下沉到某个村落去做乡建，也没有选择做某个垂直细分行业的信息平台（比如乡村旅游、农产品电商等），主要原因在于我们想把着眼点放在场地上，围绕场地做一个数据驱动的乡村信息平台。因而“乡村圈”作为一个平台，是我们基于地理大数据的“互联网 + 乡村”的尝试（图 1）。

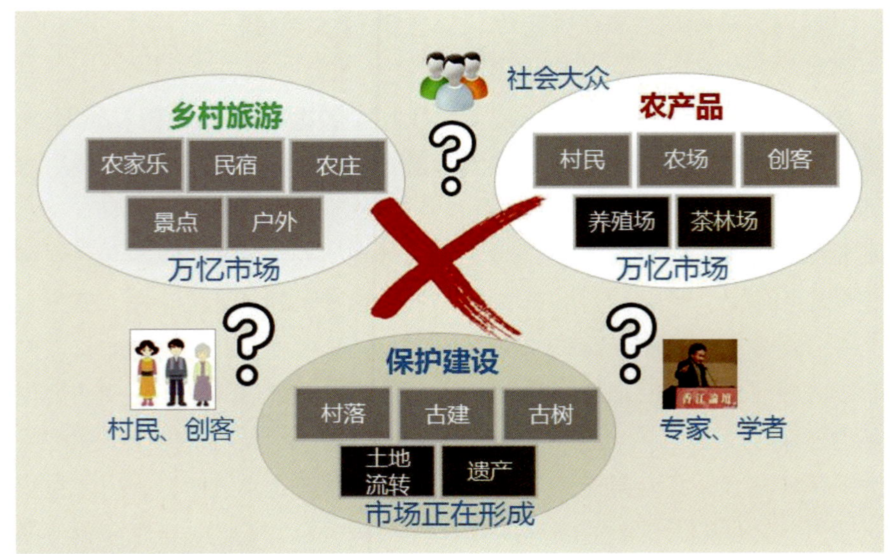

图2 目前乡村信息化市场各自为政，互不相连

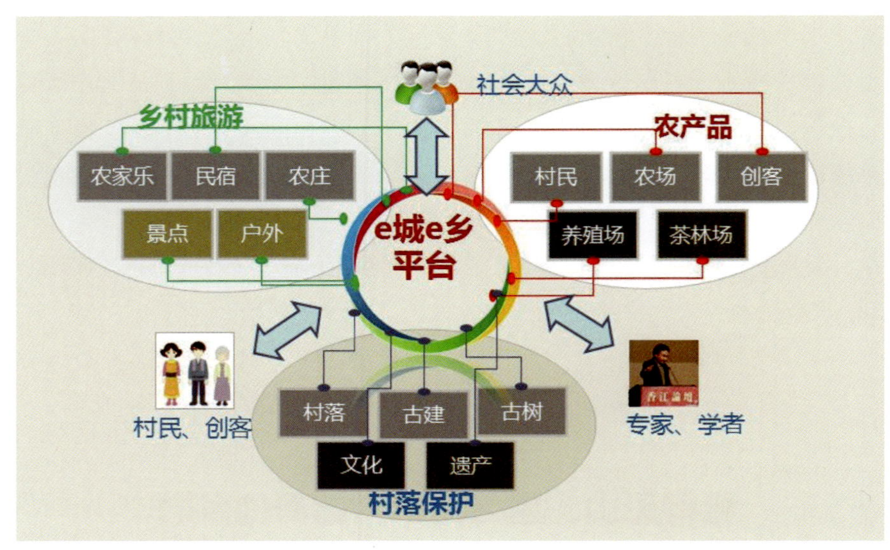

图3 “e城e乡”乡村圈致力于连接各方

4 “乡村圈”——“e 城 e 乡”的探索之路

4.1 乡村信息化现状与“乡村圈”的目标

随着乡村关注方的日益增加，一个综合性的乡村信息平台变得愈发重要。我常常举的一个例子是：与城市相比，乡村互联网基本是一张白纸。现在很多人都想在上面画美景、乡建、美食、文化、民俗等，但就一张白纸，你一笔我一笔，不仅互不相干，而且相互重叠，最后让观众还看不清楚画的是什么。“e 城 e 乡”希望围绕 70 万行政村（以及其上的 4.5 万乡镇、3000 县区、300 多个市州）建立一个参照系，有点像孩子学画画或书法时，给的那种可以描红的纸（不是白纸）。在这个基础框架里，每一个村都是唯一的、固定的。有了这个参照系，大家再按照地域分工、主题分工，各画各的，既各显身手，又相互补充；既有分工，又有合作。结果是一个更为丰富多彩的乡村平台。

下面的两幅图（图 2、图 3），第一张展示了乡村信息目前各自为政、互不相关的局面，因而中间是一个大大的“红叉”。第二张是“e 城 e 乡”乡村圈平台的目标，即搭建基础框架，并成为连接各方的平台。

这个段子大家可能都听说过：“Uber 不拥有一辆出租车却是全球最大的出租车公司，淘宝不拥有任何库存却是全球最大的零售公司，Facebook 不创造任何内容，却是世界上最流行的媒体平台。”这几家公司的核心都是在做连接。某种意义上，“连接”是互联网发展至今的一个最重要特征。

作为乡村的连接平台，“乡村圈”立足于横向性、综合性，通过基于乡村地理位置的“连接”，致力于关联一切与乡村有关的人、物、地点、资源、行业等。

4.2“乡村圈”如何获取和运用地理大数据?

“e 城 e 乡”的“数据”策略主要有四方面含义。

（1）“e 城 e 乡”是一个数据驱动的平台，数据是乡村圈的核心，围绕数据的运用，是乡村圈的主要运营模式。

（2）数据来源上，“乡村圈”异于一般的地理信息系统，直接架构在互联网大数据之上。一方面，通过网络大数据挖掘，建立全国的村镇、景点、农村商家等基础数据框架；另一方面，通过“乡村圈”平台及工具（Web App），吸引机构及乡友发布 UGC 数据（动态、活动、新闻、攻略、心情等），形成与基础框架在地域、行业、时效性等方面的相互补充。

（3）数据的组织上，以百万村落和千万商家为主线。前者是全国 70 万行政村及部分自然村、乡镇、县区等，后者是乡村景区、农家乐、农场、采摘园、土特产店、农村合作社等。

（4）数据的更新及完善上，“乡村圈”与来自不同细分行业、不同地域的线下合作伙伴，围绕基础框架，通过合作共建关系，完成线上线下的闭环建设。

4.3“乡村圈”如何组合、重构和展现乡村信息?

今天我们所熟悉的搜索引擎，主要是通过“关键字”建立起全球万亿个网站的索引。在百度里输入“鲁迅”，会出现大量内容中带有“鲁迅”两字的网页。至于这个网页是介绍鲁迅其人、介绍鲁迅的文学作品、某人推崇鲁迅的博客，或某人批评鲁迅的文章，又或者是提到某地时一个名字碰巧也叫做“鲁迅”的其他人，这些判断都需要用户自己去梳理。基于这个原因，我们在用搜索引擎时，往往需要花大量时间筛选和过滤垃圾信息。

在“e 城 e 乡”平台，数据的组织、重构及展现，主要有三方面的考虑。

（1）围绕场地来组织、存储数据。每一种类型的数据，无论是相对静态的场地（村落、景区、商家），还是时效性很强的活动、动态、促销、攻略、套餐，都带有经纬度位置信息。

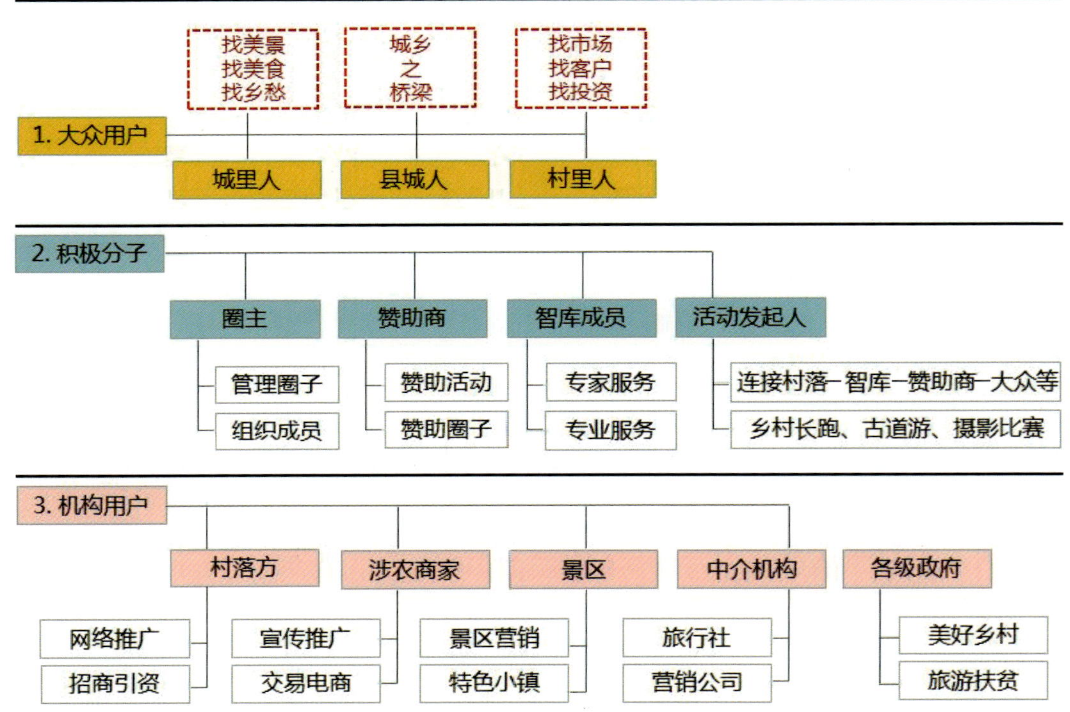

图4 乡村圈用户分析

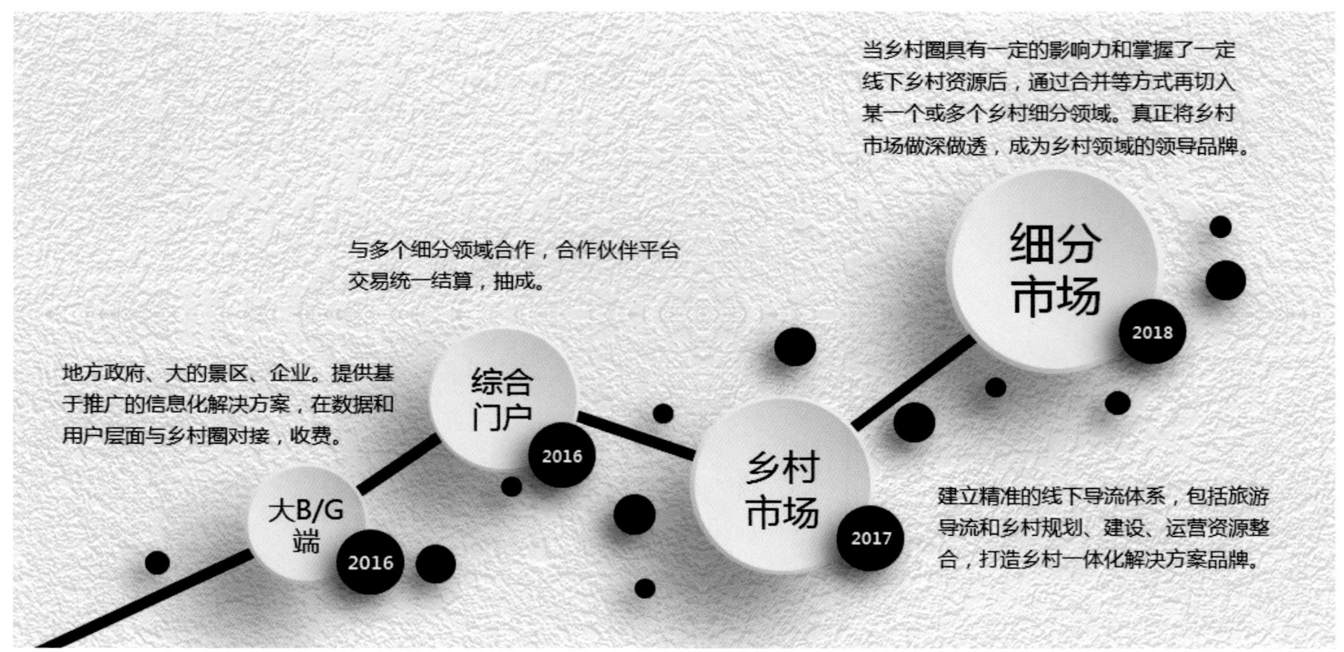

图5 乡村圈发展方向

（2）围绕话题（topic）来展示数据。一个话题，是一组数据的集合，数据通过语义关联。由于关联的类型被进一步定义，从而可以清晰地判断：这篇文章是对鲁迅其人的介绍，这篇文章是介绍鲁迅的文学作品，这篇文章在批评鲁迅作品、这篇文章在点赞鲁迅作品，等等。

（3）“乡村圈”的数据模型中，对以下乡村的数据类型，以及各类型数据间的关联类型，进行了明确的定义：村落、动态、人物（包括乡村历史人物）、商家（包括景区、农场等）、图片、攻略、套餐、活动等。

4.4“乡村圈”的用户群体是谁，运营模式是什么？

“乡村圈”用户主要包括社会大众、机构用户及大V类用户三种（图4）。

（1）大众用户（2C）是主体，是乡村圈里各类信息的主要供求方，如了解乡村景区、预订乡村土特产、获取乡村土地流转或宅基地信息，等等。

（2）机构用户包括乡村商家、景区（2B）以及相关政府（2G）、中介机构等，其主要诉求在商家或景区推广、网络营销、电子商务、招商引资、政府宣传等。

（3）大V类用户介于2B、2C之间，是乡村服务、交易、活动等的组织者和积极参与者。如现在很流行的乡村亲子游、乡村马拉松、乡村音乐会、乡村志愿者团队、专家学者、乡建团队等，都是乡村某个垂直细分领域的耕耘者。

“e城e乡”乡村平台的运营模式，体现在几个方面。

首先，平台对大众用户是免费的—— 社会大众来乡村圈搜索、发现全国乡村的各种信息，并与其他乡友分享与互动。

其次，机构用户中的小B端（如农家乐老板、农场场主）、小G端（如村委会），“e城e乡”以公益的方式，为他们提供无偿服务，包括宣传推广、信息发布、一村一网、一户一圈等。

最后，“e城e乡”平台针对营利性的（或者有外部资金投入的）大B、大G，会在免费服务的基础上提供定制化的收费服务，主要包括：

（1）客户微信公众号与乡村圈对接（如某县域旅游公众号）。

（2）某省级政府旅游扶贫信息平台建设（基于乡村圈的乡村数据以及数据管理系统）。

（3）某县域全域旅游网站及信息平台开发。

（4）某景区游客分享互动平台建设。

（5）某区域土地流转供。

（6）……

“e城e乡”平台，致力于通过打造一个成熟的底层空间框架，然后不断添加内容，不断赋予新的、带有语义的结构化数据到这个框架里，不断丰富地域、主题、行业等数据，用一种语义关联的方式，把城市与乡村的多彩性，呈现给社会公众。

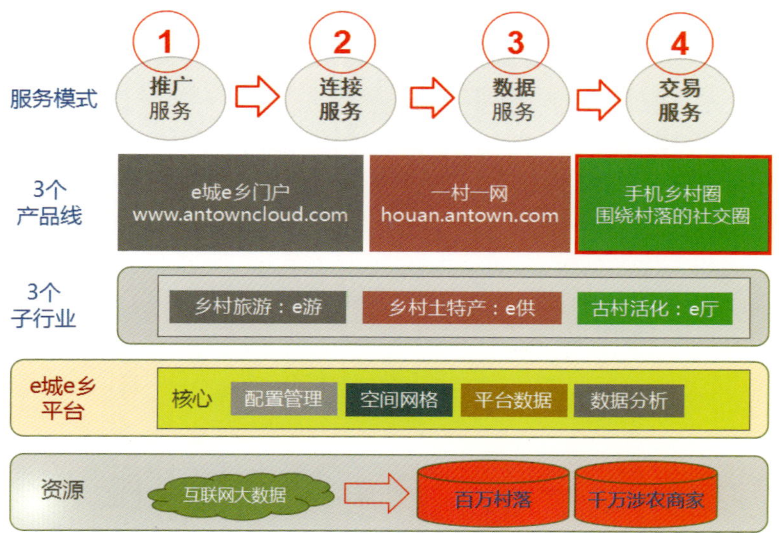

图6 乡村圈产品架构图1

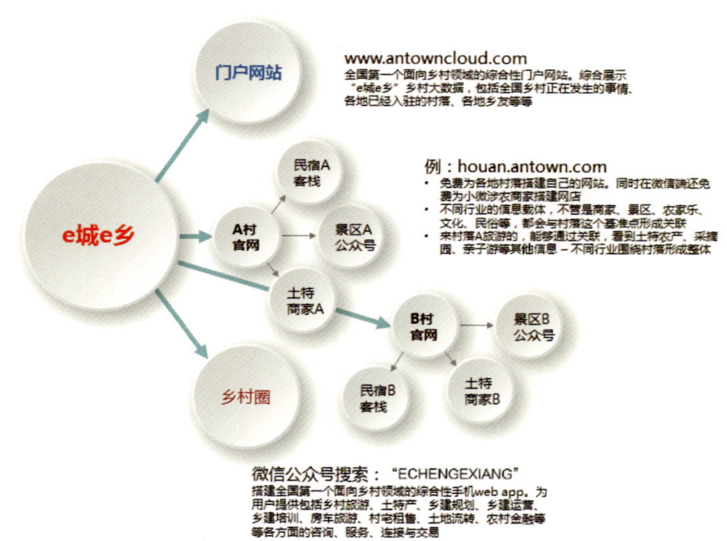

图7 乡村圈产品架构图2

4.5“乡村圈”未来如何利用平台里的各类民宿、古建、乡建、物产、旅游等多元信息?

有不少乡友在关注了“e 城 e 乡”微信公众号，进入“乡村圈”，搜索了村落，查看了乡村动态后，跟我说：喔，你们是做网站的，你们的应用做得不错啊！“乡村圈”是一个 Web App，但大家看到的网站只是“乡村圈”的外表，是外面穿的一件衣服。

从外表看，你在乡村圈网站看到的一组民宿美图、一个村落介绍、一种土特产的推广，包括新近推出的一个话题（如最小众的十个湘西古镇），跟别的常规网站相比，可能没有什么区别。但是，乡村圈的背后，或者说乡村圈的目标，是完全不同于常规网站的。

我们拿你在餐馆吃饭，点一盘菜，或者一桌菜作为一个类比。一个介绍古村或一组古建的网页，相当于一盘菜。常规网站，可以理解成是炒出一盘盘菜。“e 城 e 乡”的目标，是希望提供可以快速、智能、精准地满足各方客户对不同菜品需求的一个配餐平台。

为了实现这个目标，“e 城 e 乡”需要解决食材和配料的生产、配送、分类、处理等需求（这有点像乡村圈搭建的村落、景区、农家乐、农场、民宿、古建等各类数据的基础框架）；需要提供厨房、案板、水池、炉灶等食品加工的场所（这个类似“e 城 e 乡”提供的分享、搜索、发现、互动等平台及平台工具）；需要提供从单个菜品、到一桌菜品、到整个宴

图8 乡村圈门户网站

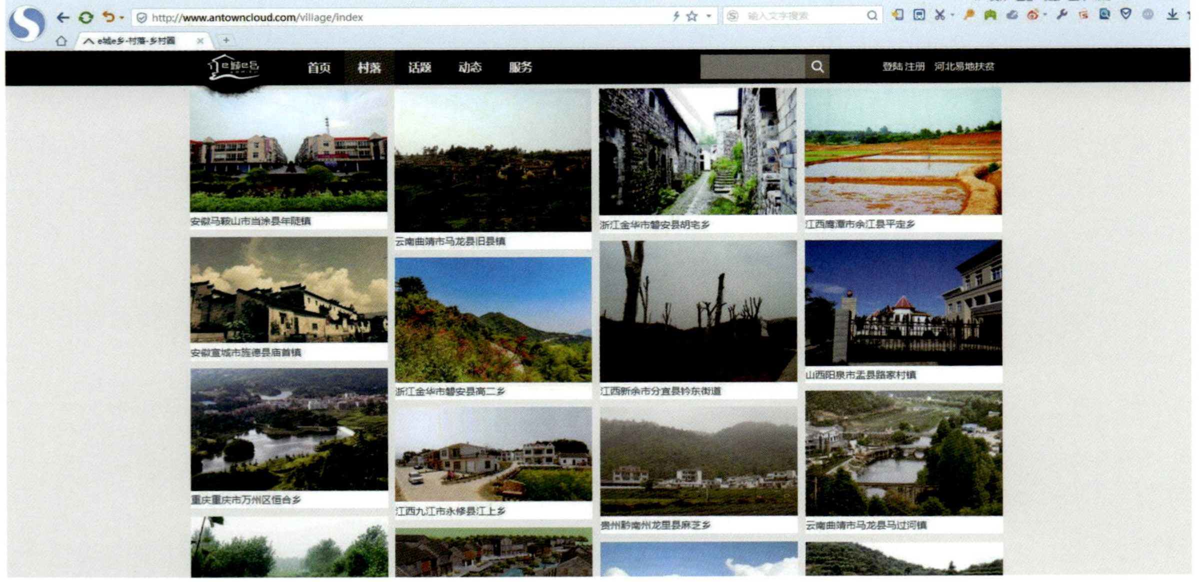

图9 一村一网配置平台

图10 乡村圈手机app

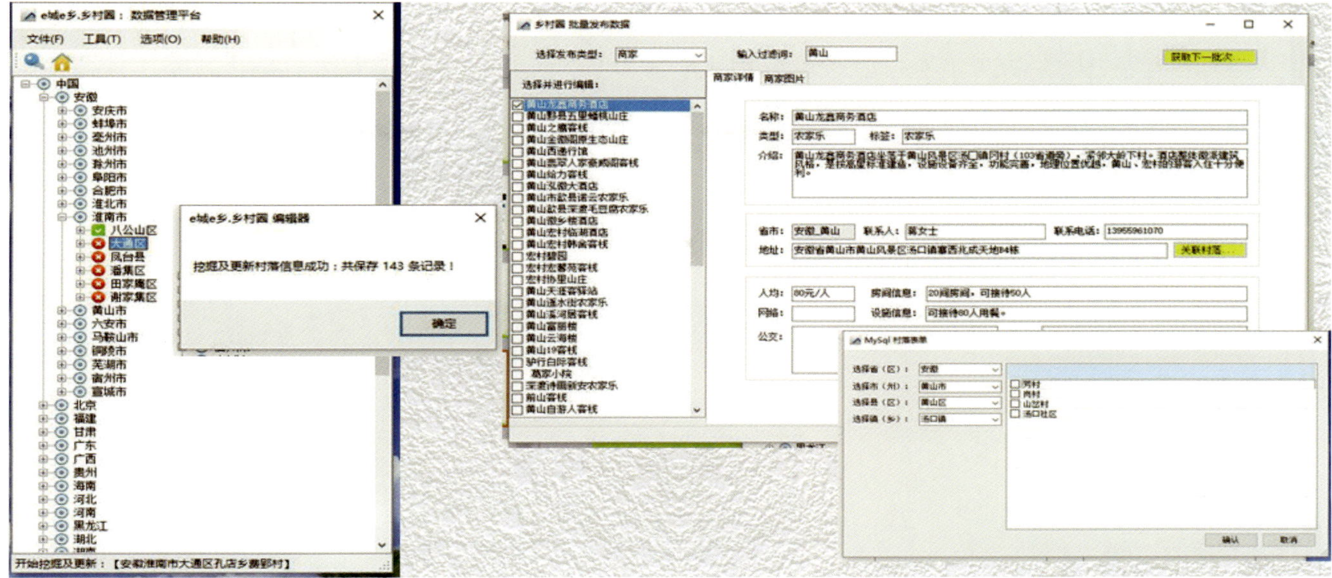

图11 乡村圈后台数据管理

会的生产和服务能力(这个有点像“乡村圈”新近推出的,连接村落、动态、乡友、活动等单元,形成整体连贯性“话题”的关联能力)。如果在这个基础上继续延伸下去,“e城e乡”平台能够从乡村大数据中,按需提炼出各种相关的数据报告,服务于企业、景区、政府决策等,比如:

(1)找出该区域最穷的十个村落。

(2)发现最有人气的乡村民宿。

(3)预测国庆期间会人满为患的乡村景区。

(4)xx县域乡村旅游的差异化研究。

(5)……

我们认为,这是大数据、人工智能的发展趋势,也是“乡村圈”引人入胜的地方。

4.6 乡村圈的发展方向,谁可以成为乡村圈合作伙伴?

“乡村圈”是一个围绕乡村,但牵涉众多垂直行业的综合性平台。我们的特点在于横向的综合性及关联性。而为了对垂直细分行业提供精准、全面、深入的数据,“乡村圈”的做法是搭建并开放底层平台(包括数据模型、数据管理工具以及基于微信的微网站应用),继而与垂直细分行业或地域的服务/内容提供商,合作共建乡村大数据(图5)。

我们一直在寻找的合作伙伴有几种:

(1)机构或组织,包括企业、政府、景区等,在地域上(比如一个县、一个镇),或细分行业上(乡村旅游、土特农产、乡建……),形成与“乡村圈”横向平台的对接。

(2)热爱乡村的个人,在某个“地域+主题”上,形成与“乡村圈”的相互补充。

4.7 乡村圈产品形态

(1)乡村圈产品架构图(图6、图7)。

(2)“e城e乡”门户网站(图8)。

(3)“一村一网”配置平台。村落、景区、商家可以零成本、零时间发布到“乡村圈”,进行推广营销(图9)。

(4)“乡村圈”Web App:“e城e乡”乡村大数据大众客户端,提供发现、查询、分享、发布、互动、交易、交友等多种功能(图10)。

(5)“乡村圈”后台数据管理平台。开放给付费的机构用户(大B、大G等),可以围绕客户指定的地域或主题,进行深度数据挖掘、关联、管理、分享及发布(图11)。

5“乡村e游”——2017年探索、经验、总结

5.1 乡村e游

2017年,“乡村圈”在不断完善和补充的乡村大数据基础上,与多个乡村垂直领域进行了线下场景式整合,特别是与多个乡村景区进行O2O对接整合,为乡村景区提供用户社区、旅游联盟和在线服务,目前已在南京、镇江、黄山、昆明等多个乡村景区上线。

除了在线平台、大数据和乡友社区,“乡村e游”着力打造了集游戏、

VR、GIS、电商等为一体，为中小型乡村景区提供互动、体验、分享、交易等功能的景区手机 App，既解决了景区的管理需求，又满足了游客的游中和游后需求。

5.2 e 游天下：景区 App + 乡村旅游大数据 + 游客社区

图 12 可以看出“e 游天下”的优势，以及与其他旅游管理软件的差异。

5.3 乡村 e 游：VR + 游戏 + GIS + 电商 + 互动 + 分享 + 体验

乡村 e 游是集 VR、游戏、GIS、电商、互动、分享和体验等多功能于一体的平台（图 13）。

e游天下	其他旅游管理软件
多维度、全方位	**单维度、少关联**
管理全方位 政府全把控 景区全运用 游客全参与	上了大屏，大屏上除了播放几条通知，没有其他内容、没有数据 上了景区管理软件，却根本跟游客、商家、景区互动不起来 景区管理与景区内部系统不相干、数据不共享、景区积极性不高 管理软件过于强调管理，对营销、推广、电商、支付等缺乏考虑
乡村及旅游大数据	**缺内容、乏更新、少数据**
系统自带数据、快速上线 景区、商家、游客多维度信息实时发布，全网共享	政府买了景区管理软件，又要花大力气整理和制作数据 数据更新成为大问题，特别是没有景区、商家、游客的信息
来自全国的“游客社区”	**景区、商家、游客无互动**
系统自带《乡友社区》 借助微信公众号、小程序，迅速连接政府、景区、商家、游客	没有游客、商家、景区的参与和互动，景区管理变成花架子 政府管理与其他维度之间缺乏连接

图12 e游天下的竞争优势

『乡村e游』• VR+游戏+GIS+电商+互动+分享+体验　　【e城e乡】互联网+乡村平台

图13 乡村e游的多功能集成

『乡村e游』 • VR+游戏+GIS+电商+互动+分享+体验

【e城e乡】互联网+乡村平台

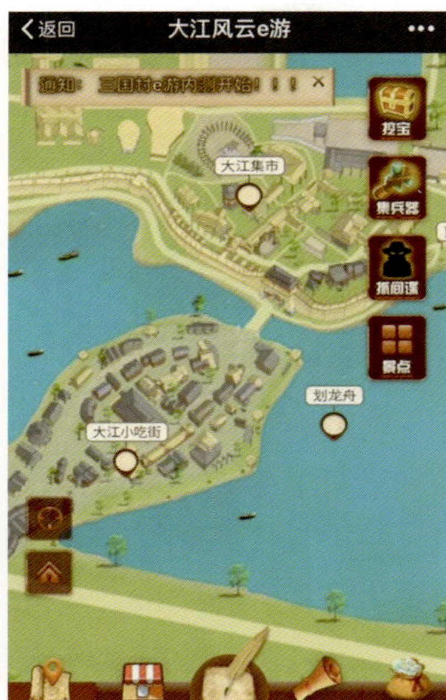

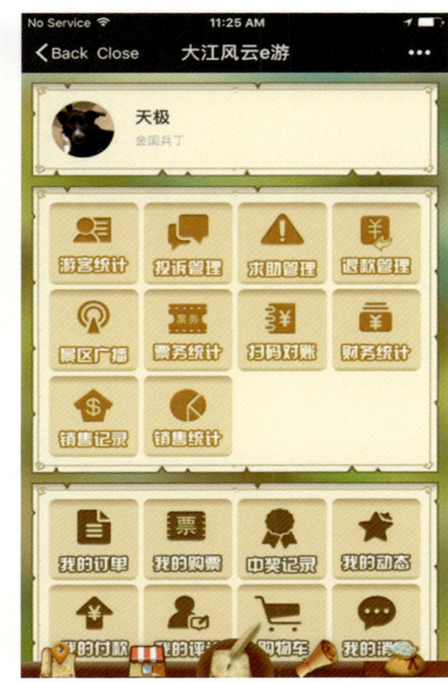

『乡村e地』 • 蜗牛村规划

【e城e乡】互联网+乡村平台

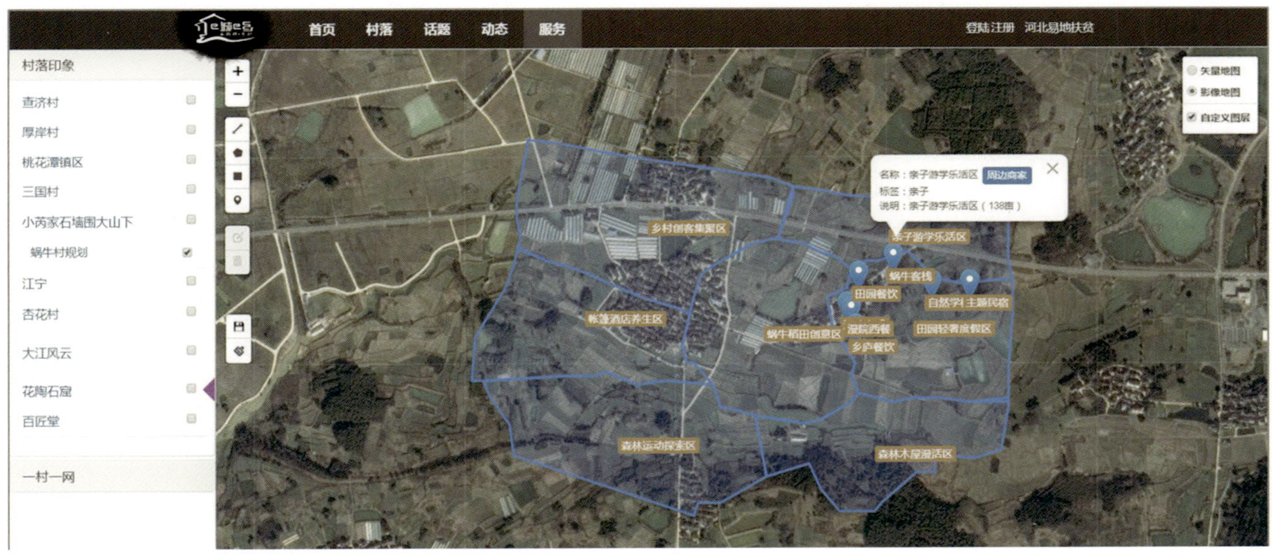

图13 乡村e游的多功能集成（续）

村客松（Transkathon）：基于互联网的跨学科乡村复兴规划设计实验教学方法

"Transkathon": An Internet-based Inter-disciplinary Experiential Learning in Rural Area

文 / 张圣琳

【摘 要】

本文主要内容为在互联网时代，总结提供一个多院校跨学科合作适合中国大陆的乡村复兴规划的实验教学法。笔者以行动研究及个案研究为基础，以川大—北大—台大—成功大学从2016年到2017年在四川雅安戴河的教学为案例，提炼出"村客松"（Transkathon）的概念及行动步骤。村客松，是一个开放实验的教学过程与方法，集体密集合作的工作模式激发了各种超乎想象的团队合作模式，在7~10天内跑完七个阶段的循环，包括：（1）田野筹备；（2）种子团队培力；（3）短期培训；（4）议题调研；（5）提案发想；（6）修正方案；（7）成果测试。通过村客松，团队于2017年成功点燃80后情怀实业家对戴河村体验式旅游的投资经营兴趣。

【关键词】

乡村复兴营造；青年入乡；规划设计教育；四川雅安；村客松

【作者简介】

张圣琳　台湾大学建筑与城乡研究所教授，台湾大学创新设计学院社会设计组组长

注：本文图片除标注外均由作者提供。

图1 川北台成四校老师与村长合作，营造了“戴河教学实践基地”

1 问题缘起

在青年稀缺的乡村风景中，2017年7月8日，四川雅安戴河（也称作“代河”）村的晏村长和他的村民们，与一群二十出头来自两岸网络世代的年轻人、五湖四海的画家、山东郓城的实业家、台湾的茶老师，以及两岸四校（川大、北大、台大，与成功大学）的教授们，在一个原来废弃了近二十年，但经过两岸师生与村民共同恢复的水磨坊举行了一个特别温馨的揭牌仪式——川北台成教学实践基地（图1）。

实践基地缘起简述如下。2016年7月，笔者与四川大学李伟教授、成功大学李子璋教授师生，与2017年加入的北京大学张天新教授师生，四校共同与雅安晏场戴河村的村民，以及山水万物结盟于水磨坊。我们共享共创共生共做，展开戴河村21世纪的农乡新使命——茶马江湖，戴河春秋。村民知青，水磨结盟。

2009年，笔者从美国返回亚洲后，进入两岸乡村，深深觉得台湾的小区营造模式不能有效地反映大陆广大而严峻的乡村现况。过去八年在大陆的中原、沿海，及川蜀等地的教学与实践中，笔者逐渐摸索出“村客松”（Transkathon）的实践思路与方法。在此脉络下，本文以川北台成两岸四校的戴河教学实践基地作为青年入乡的模式，展开21世纪连结城乡的流动性“村客松”（Trans-ka-thon）的概念。快速密集深入而跨城乡跨领域的“村客松”的概念来自黑客松（Hackathon）。20世纪末，程序设计领域首次以黑客松（Hackathon）的概念，将过往执行数个月的计划标准程序压缩为短短几天的工作坊（workshop），不仅打破了以往单打独斗的习惯（habitus），集体密集合作的工作模式还激发了各种超乎想象的团队合作模式，集体成果的展现相对于以往传统处理更具新时代的合作共创意义。换言之，21世纪的创新设计教学、个人能力的养成已不再是唯一的主要目的，如何培养具备团队间合作、沟通交流能力的专业人才已是当今各类设计领域绞尽脑汁思考的教育标杆。乡村问题是一个复杂的体系性问题，而非单一专业可以单独面对。村客们，非常需要共同创研解决方案；村客松，则是一个可以满足此需求的开放实验的教学过程与方法。

2 结缘茶马古道水源保护区的生态茶场

雅安，位于四川盆地西南边缘，往青藏高原的过渡地带，有“川西咽喉”“西藏门户”和“民族走廊”之称。区域内海拔落差大，形成多样化的地理环境，因高山阻隔，影响了族群及文化的发展，发展成少数民族聚居地。戴河是蒙顶山尾端的中海拔村（约 800~1200 米），全村以森林茶园为主的农林风景，穿插着传统川西民居。距离成都约 2.5 小时车程，是夏天避暑胜地。我们的踏查基地戴河村面积约 16 平方公里，居民 1000 多人，位于雅安市北端，在雨城区晏场镇，位于一个放眼是茶园、山脉和云雾景色的高地上（图 2、图 3）。

图2 云雾缭绕的雅安戴河村与高海拔茶园风景　余柏霆/摄

图3 戴河村旁的河道与入村的桥梁　谢佳仪/摄

川北台成教学团队开始进入戴河村是 2016 年，但与茶文化地景结缘自 2015 年开始。2015 年一个春天的傍晚，川大李伟老师出现在台大城乡所破旧的公馆基地，突如其来的拜访中，我告诉他我在台湾北部大台北水源保护区的坪林茶乡正在以社会设计与产业创生，我们的策略不同于主流的城乡规划从空间设计破题，我们的做法是从人文农创品牌入手，研发环境友善的茶产品，进而护育水源保护区的生态，同时活化坪林的茶经济。我们希望以“山不枯”茶品牌创生一个生态、生产、生活、生命平衡和谐的坪林茶乡。

巧的是，来访的李伟老师当时在成都附近的万民村刚好也带着学生在长摊湖饮用水的水源保护区协助茶农村民做乡村活化。水源保护区问题复杂，茶经济活化与文化地景的护育并非李伟老师和我原来在景观建筑、城乡规划专业训练中熟练的议题。因此，我们立刻结盟，彼此支持。2015 年 7 月，我们首次结盟实践的地点是成都郊区的万民村，也就是长摊湖水库所在的饮用水源保护区。2016 年 7 月至今，我们感动于晏村长的理念。2017 年 7 月，川大—北大—台大—成功大学，两岸四校携手投入雅安戴河的乡村营造教学。

3 “村客松”——一个有中国特色的乡村复兴营造

村客松（Transkathon）的提出是因应于大陆大规模的乡村问题需要有效率的小区营造与有产业思维的经济活化，更需要有人才导入的社会设计。2016 年 7 月，我们首次开始村客松实验，主体为高校跨领域师生。2017 年 7 月，我们的团队进一步加入了实业界的跨领域老师，

图4 同学拜访当地村民，了解他们的需求及他们的手艺 谢佳仪/摄

让实验更为聚焦、具体。

笔者发展出“村客松”方法论乃借助于“黑客松”的形式，这有助于笔者反省城乡规划领域过去单一线状实质环境硬件规划思维。当今社会严重的城乡差距的困局，我们承认城乡规划专业从业者穷一己之力无法独立逆转现今文明高度集中于都市的态势。跨领域共创式的合作是必然之路。我们尝试通过川大的国际教学营队，试验跨领域教学。2016年的第一次试验中，短短两周时间，工作坊动员超过200名熟悉都市生活的学员，从思索人类文明与乡村的关系开始，在一周内进入乡村并发展具有业态思维的乡村营造。这个过程中，半数学员入乡，另外一半在城市中，以微信云端的方式支持入乡学员们在议题开发上的讨论。2017年的第二次试验中，我们导入连结城乡的青创模式，并邀请电商老师、制茶老师和管理学老师同时来到雅安戴河，一起与同学们研讨方案。这一次，学员们直接通过微信朋友圈测试1000多位朋友对青创方案的反应。

3.1 村客松的七步骤（2016年夏为主轴）

整个过程简言之，2016年台湾大学与四川大学暑期实践及国际交流周（UIP）的主题定调“智绘乡村”，并以四川雅安市晏场镇戴河村为设计基地。由于本届智绘乡村共有七所学校（4所种子学校和3所合作学校[①]）参与，人数由原先只有川大建环学院的4名学员增长到256人，次方倍增的学员数量及与之相伴的爆炸性信息与复杂网络关系是为本届智绘乡村脑力激荡的出发点。

村客松的核心思维是快节奏巡回的设计思考。我们在川大的“智绘乡村”交流设计工作坊以村客松作为教学实验方法，在7~10天内跑完七个阶段的循环。这些步骤分别是：（1）田野筹备（fieldwork）；（2）种子团队培力（seeding）；（3）短期培训（training）；（4）议题调研（fielding research）；（5）提案发想（brainstorming）；（6）修正方案（revising）；（7）成果检验（presentation and prototype testing）。

第一阶段的田野筹备是一个深入采风调研以及探路的过程，需要当地高校老师细致地带领有能力及兴趣的学生（最少2~4名），能够在半年内最少深入当地4~6次，每次最少4天到1周。在此过程中收集当地的民情，建立与村民社区的关系，更重要的是能够建立互信与彼此的了解，特别是在密集活动开始前的行政协调需要稳固而全面（图4）。

第二阶段开始于大队活动前核心教学，老师与第一阶段的先行团队需要密集工作（例如，一整天的高密度报告交流及头脑风暴），目的在于了解相关村子或社区的各种信

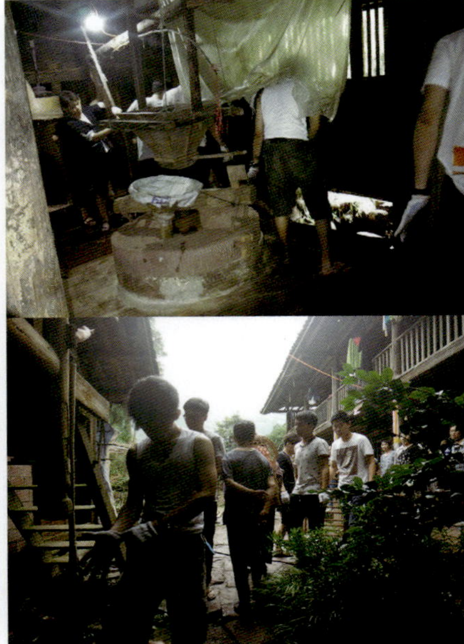

图5 学员们与村民一起挖掘、清理和修复水磨坊的过程 任瑶/摄

图6 两岸跨领域学员们进行小组工作报告与集体讨论中 谢佳仪/摄

息，并且发展出主轴式的7日弹性教学架构。与此同时，短期培训以种子学校成员先行建制设计基地数据库。换言之，这个阶段，已经从先行团队转化为将近20人左右的核心教学团队，包括老师与助教。

第三阶段是以第二阶段的7日弹性架构为基础，开始进行8小时的密集课程，让合作学校的众学员快速理解基地的状况，并讨论出初步设计的题目方向。这个阶段主要根据课程时间的宽松程度来调整教学与调研发展的方式。关键在于需要跨领域跨学校的分组调研与讨论，让学员们可以同时被新的思维及信息刺激。

第四阶段已经进入村庄的实际调研与议题发想。以2016年为例，入村学员们的议题调研基于前阶段讨论的成果，将调研组分成“社会设计”“旅游景观”“民居聚落”和“古建修复”四大领域，各个小组分别进行了现场勘查，完成现场一手数据建制。这个阶段，古建修复组的学员发现了戴河村水磨坊原来有小区中心功能，但已废置了近 20 年。学员们花了 3 天时间，自发自动开始清理水磨坊的垃圾，同时也带动了村长与村民参与，共同修复了原来已经无法使用的水磨（图 5）。在水磨重新开始启动的时候，村民与师生们似乎也都被牵动了，这一刹那是我们戴河村客松最关键的一刻。

第五阶段（第五至第七阶段，延续 2016 年脉络）在信息共享的状态中，各组组员集思广益，深化现有基础数据进行分析，提出各组独一无二的设计方案。诸如社会设计组基于“茶”与“水”资料的调查建制，提出“一家一茶会”的概念；旅游景观组则在尽兴的冒险过程中，为戴河精心设计两天一夜的多路线小旅行；民居聚落组盘点村内资源，发现村内文化、社会样式等影响着建筑形式的展现；古建修复组则发现戴河村根植于荒废已久的水磨坊，进而以转动水磨坊为题，复原村民原有的农生活（图 6）。

第六阶段，在结束为期五天的现场勘查后，回到四川大学继续讨论、充实并修正各组的设计方案。同时，制定出以茶马古道作为故事起点的简报架构，将社会设计组的茶与水、旅游景观组的小旅行、民居聚落组的社会风俗、古建修复的水磨坊精神彻底带出。

第七阶段是成果检验，我们在四川成都市规划管理局发表成果。大堰村长与书记也来参加，针对初阶段的成果，大堰村开始进行了一年左右的尝试。在这一年多的时间里，当地高校师生扮演着相当关键的角色。川大李伟老师同时带动了四川文产院学生的风景写生课程到戴河进行。同时有一些画家老师们也慕名而来，这进一步吸引了更多学生来到戴河写生。这也大大调动了村长的积极性，使得水磨坊的修复可以在这一年中逐步进行。

3.2 青菁社，我的初乡恋——2017 村客松 2.0

2017 年 7 月，川大、北大、台大与成功大学师生再次来到戴河，正式成立了“川北台成教学实践基地”，课程在修复的水磨坊进行。同时，我们的青创团队也在模拟青年如何以戴河为基地的茶马古道边的村落进行创业。我们提出了青茶静养舒压的“青菁社”模式，希望青创一种“80、90 后前所未有的城乡关系”。这一次的村客松，有 10 年以上电商经验的 80 后业师郑本栋先生，建筑家族二代创业转换跑道的民宿创办人张蕾小姐，以及川大管理学院资深教授钟丽霞老师，还有台湾山不枯茶团队的制茶老师陈世仁先生都直接加入了共创团队。这样的实作共创，对于团队有极大的冲击与磨炼。

4 结论

综观，本届智慧乡村起源于两位老师的热忱，并在 2016~2017 年间的 6~8 个月间招募到 4~8 名学员，再到有 16 名学员的先遣部队投入，更借着 UIP 国际周活动吸引超过 200 位学员加入。共计 256 名学员在村客松教学实验里，不仅充分交换有限的设计基地数据，更将数据的价值由以往的等差级数转为等比级数的增值效果。短短两周的工作坊快速地让 4 个不同的设计议题彻底融为一体，让戴河村成为四川大学与文产院未来设计人才的孵育基地，足以见得 21 世纪的教学设计方向必定朝合作共创前进。更重要的是，2016~2017 年间，川大与文产院师生及村长的持续努力，加上 2017 年专业师的参与，使得我们的乡村创生营造实践教学有了具体而正面的发展。

总体而言，来自中国大陆、中国台湾、日本三地的知青与实业家们，跨领域、国籍的合作，在村客松的密集磨合下，不但产出超乎预期的设计结果，也唤起了参与实务教学的 80 后实业家老师们的乡村情怀，进而发起了“我的戴河”项目好友会面活动，开始自发地集结，研发适合当地的偏向社会设计的商业可行性。这样由下而上的跨领域跨世代跨两岸经验，也为未来乡村创生型设计教学开启了一个另类的实验场域。

注释

①种子学校为中国四川大学建筑与环境学院、台湾大学与成功大学，日本明治学院大学；合作学校则有西南交通大学、四川文产院，以及南昌航空航天大学。

5

多利益主体参与的乡村再造

Rebuilding Rural Areas with All Stakeholders' Involvement

图片来源：北京大地乡居旅游发展有限公司提供

“主人”视角：社区居民和经营者感知的大地乡居旅游发展影响分析

Host Perspectives: Research on the Impacts of Rural Tourism Development from the Perception of Community and the Operators

文 / 李 奕 肖张锋 丛 丽

【摘 要】

乡村旅游成为乡村发展的新动力、新模式和新渠道，同时也给乡村发展带来的不同影响，不同的社区居民和经营者对其影响感知维度也不相同。本文以大地乡居 · 张泉乡村中的旅游经营者和社区居民为研究对象，探讨他们对大地乡居旅游发展影响的感知情况。根据分析得出结论：经营者和社区居民感知乡村旅游影响主要包括三个维度：旅游经济影响、环境影响和社会文化影响。在大地乡居发展初期，经营者感知环境影响最为强烈，其次为社会文化影响，而旅游的经济效益最弱。张泉村社区居民对旅游发展中的经济影响感知强烈，尤其对给自己带来的经济效益最为关注，而把旅游所带来的环境和社会文化影响放在次要地位。

【关键词】

乡村旅游；旅游影响；旅游经营者；居民感知；大地乡居

【作者简介】

李 奕 北京林业大学园林学院旅游管理系本科生

肖张锋 北京林业大学园林学院旅游管理系本科生

丛 丽 通讯作者，北京林业大学园林学院旅游管理系讲师

注：本文图片除标注外均由北京大地乡居旅游发展有限公司提供。

1 引言

乡村旅游最早起源于19世纪中期的欧洲，1865年，意大利"农业与全国旅游协会"的成立标志着乡村旅游的诞生[1]。国际经验表明，乡村旅游是促进新农村建设的有效途径之一，加拿大、澳大利亚、前东欧和太平洋地区的许多国家，都把乡村旅游作为改善农村居住环境、提高农民收入，促进农村地区经济发展的重要手段[2~4]。乡村旅游的开展，不仅在于经济意义，还在于社会意义，韩国、新西兰、爱尔兰、法国等国家把乡村旅游作为稳定农村、避免农村人口盲目向城市流动的重要手段。20世纪80年代中后期，我国乡村旅游在东部沿海发达省份和中西部省会城市周边地区逐步发展起来，以"住农屋、吃农饭、干农活"为内容的乡村生活体验游一度成为时尚[5]。乡村旅游产品成为吸引城市居民出游的重要因素，乡村旅游的发展同时也标志着中国旅游市场发展由观光时代转向休闲时代[6]。社区居民与对旅游影响的态度研究，对于乡村旅游业的发展具有重要意义——这些态度可能成为成功开发、经营、营销现有或未来旅游项目的一个重要因素，公众支持会给乡村旅游企业带来极大的回报[7]。乡村旅游是一种生活方式[8]，它比一般的旅游形式更加需要对"主人"(hosts)——居民和社区的关注。

2 乡村旅游发展影响研究综述

乡村旅游活动的开展引发了国内外学者的关注和广泛讨论，综述国内外乡村旅游发展研究乡村文献发现，乡村旅游发展的影响主要集中于经济影响、环境影响和社会文化影响三个方面。

2.1 乡村旅游发展的经济影响

无论是国内还是国外，乡村旅游一开始就与乡村经济的发展有着密不可分的关系，世界各国政府都将发展乡村旅游作为解救传统农业经济活动衰退、解决农民就业的重要手段[9]，强调了乡村旅游在促进乡村经济多元化、扩大就业率、推动地方经济、拯救乡村中起到的积极作用。帕尼亚瓜(Paniagua，2002)认为人们从事乡村旅游行业的经营既可以缓解就业压力，还可以实现自主就业[10]。张环宙(2009)认为乡村旅游给农村带来的正面影响不可否认，但若乡村旅游开发之初就仅仅把经济效益作为目标，容易犯急功近利的弊病，将不利于乡村旅游的长期发展[11]。顾筱和等(2006)认为乡村旅游应该在平衡各方利益的前提下进行合理开发，遵循经济规律，扬长避短，争取利益最大化[12]。李静(2010)以南街村为例，分析了乡村旅游对县域经济的影响，认为村镇旅游的发展对县域经济的发展贡献是企业所不能取代的[13]。李海平等(2010)以浙江湖州为例，研究了我国东部发达地区乡村旅游对农村经济发展的影响，通过分析得出当地居民对乡村旅游的经济影响基本上都持认同态度，同时也认为乡村旅游的发展是造成物价上涨的重要原因[14]。韦瑾等(2010)分析了乡村旅游开发对农村经济的积极作用和负面影响，提出了乡村旅游经济可持续发展的途径[15]。张晓峰(2015)同样探讨了乡村旅游对农村经济发展的正面影响与负面影响，并提出乡村旅游促进农村经济发展的对策[16]。综述文献发现，大多数学者都认为乡村旅游对当地经济的发展和经济转型起到了一定的促进作用，但同时也指出带来的负面影响不可小觑，应该适度发展，走可持续发展之路。

2.2 乡村旅游发展的环境影响

莫德(Maude A.J.，1985)指出，大量的游客进入乡村给乡村带来了景观破坏和环境恶化，这都不利于维护乡村的景观和进行环境保护[17]。Ganoves(2004)等认为乡村旅游一方面能促进乡村自然和历史文化传统资源的开发利用，改善乡村的卫生状况，促进乡村有价值资源的保护，但同时带来的负面影响也使得乡村的自然性受到破坏[18]。Garrod等(2006)认为需要重新定义乡村旅游，明确其在乡村旅游发展过程中的重要性与必要性，采取可持续发展策略，确定合适的政策，以缓解日益复杂的生态挑战[19]。杜江等(1999)提出生态的可持续要求：乡村旅游的发展要使对基本生态进程、生物的多样性和生态资源的维护协调一致[20]。孙江虹(2013)对乡村旅游对农村环境影响的两面性进行了探析，认为乡村旅游依托农村生态环境，没有良好的生态环境，乡村旅游就难以发展，而乡村旅游给农村环境带来的影响又是双重的[21]。王晓娟(2014)对乡村旅游对农村生态环境的影响进行了研究分析[22]。因此，乡村旅游与乡村生态环境之间，二者必须协调发展，才能实现农村社会的可持续发展(图1)。

图1 北京密云张泉村

2.3 乡村旅游发展的社会文化影响

大多数国外学者认为乡村文化的乡村性是发展乡村旅游的基础，但随着乡村旅游的发展，外来者的进入使得非乡村文化逐渐渗透，乡村文化势必被异化削弱，从而影响乡村旅游发展的可持续性[23]。因此认为发展乡村旅游与保护乡村文化传统在某种程度上是相互矛盾的。在对乡村旅游发展策略的研究中，学者们特别强调在发展的同时应保护乡村旅游的自然和文化传统，即保护乡村的"乡村性"特征，认为"乡村性"是乡村旅游的独特卖点，是最重要的旅游吸引物[24]。相对于国外，国内关于乡村旅游社会文化影响的研究起步较晚。黄红星等（2007）通过探讨乡村旅游中城市文化对乡村文化的消极影响分析，提出倡导实施"软性乡村旅游"、对当地居民进行提升"文化自觉"能力教育、科学规划和深度开发文化的对策[25]。李先锋等（2010）以宁夏古城村

图2 大地乡居·张泉——乡咖庭院

为例，阐述对乡村旅游社会文化影响的认知，研究分析乡村旅游对当地回族居民所造成的饮食习惯、亲属关系、女性地位、民族意识、道德行为等方面的社会文化影响[26]。王小辉（2011）以焦作云台山景区居民感知分析为例，研究了旅游社区居民对乡村旅游社会文化的影响[27]。牛自成等（2016）从内外介入因素分析了对旅游地文化的影响，认为应加大对乡村旅游地文化影响的研究[28]。多数学者在探讨乡村旅游带来的社会文化影响时都能辩证地对待，认为乡村旅游给当地带来了正负两方面的影响。

3 大地乡居·张泉概况

大地乡居坐落于北京密云区的大城子镇张泉村，距北京市区78公里、首都机场65公里，依托村庄纯净自然的田园乡野资源，大地乡居团队通过对6处闲置农宅的艺术化设计改造，创造性地孵化出了集一个

3
4
蜜堂
5
6
花台

图3 大地乡居·张泉主题庭院——云集

图4 大地乡居·张泉主题庭院——蜜堂

图5 大地乡居·张泉主题庭院——草舍

图6 大地乡居·张泉主题庭院——花台

图7 大地乡居·张泉餐厅——风景食课

图8 大地乡居里举办的古法造纸亲子活动

图片来源：北京大地风景文化遗产保护发展有限公司

乡创社交中心——乡咖(图2)、四个主题化的乡村度假庭院——云集、蜜堂、草舍、花台(图3～6)和一处乡村风物创意餐厅——风景食课(图7)于一体的时尚乡土度假空间。作为北京第一个乡村社交度假项目，大地乡居·张泉不仅为乡村旅游产品的创意化升级拓展了崭新的想象空间，而且就后乡土时代背景下如何盘活乡村资源、重塑乡村价值与复兴乡村社区等问题作出了积极探索[29]。大地乡居不仅仅是作为一家民宿坐落于张泉村，而是承载着以乡村闲置资源为依托，面向城市中产阶级日渐增长的乡村度假需求，深度演绎村村不同的乡土文化元素，通过专业化的规划设计、建设营造以及策划运营，打造出带有浓郁地域标识的品质化乡村创意度假空间的使命(图8)。

4 田野调查和访谈分析

4.1 调查方法

本课题调研时间为2017年7月14～15日，结合张泉村具体情况，对张泉村大地乡居进行了实地调研，对乡村居民进行了问卷调查和深度访谈，同时对大地乡居经营者、社区居民社区进行了深度访谈，获取了大地乡居经营者和居民对乡村旅游发展影响感知的数据情况。

4.2 调查结果与分析

4.2.1 大地乡居经营者访谈

4.2.1.1 接受访谈的经营者基本情况

接受访谈的大地乡居经营者为两人，一男一女，年龄均在25岁左右，大学以上文化水平，在大地乡居工作半年以上，对大地乡居有着较为透彻的了解。经过与经营者的访谈，得知大地乡居·张泉的工作人员构成为2个主要负责人、1个厨师、3个保洁人员，除2个主要负责人外,其他工作人员都为张泉村本地人，大地乡居在人员上的开支成本比较低。直接参与乡村旅游开发与经营的企业基本分为三类：第一类是与资源管理部门合而为一或者由其所衍生出的旅游企业，第二类是外来的投资者所投资和经营的企业，第三类是当地社区居民开办的个体户或者集体所有制的旅游企业[30]。而大地乡居的经营者属于第二类，它是由42位众筹投资人参与而成立的。大地乡居是张泉村乡村旅游的组合方和操作方，也是张泉村乡村旅游的唯一旅游企业。

4.2.1.2 经营者对旅游经济影响的感知

经营者表示大地乡居正处于发展初期，“目前的客房出租率大致为50%，游客集中于周末、节假日和暑假前来游玩”，有着较明显的旅游淡旺季表现，回头客为“五五开”，并且多为大地乡居的众筹股东和大地乡居的会员，因此大地乡居旅游经济发展并不是很“迅猛”。但是大地乡居的基础底层级的旅游服务活动工作人员多为张泉村本地人，这为张泉村居民提供了一定的就业机会，同时，大地乡居为游客提供的餐饮所需的瓜果蔬菜食材以及蜂蜜等赠送的小礼品均来自于居民的劳作，这也间接地增加了居民的收入和促进了当地的经济发展。“大地乡居所提供的庭院是租用居民的土地，在闲置农宅的基础之上改造而成的，租金使得部分居民增加了收入的来源，但这并没有提高乡村整体土地价格，也未导致张泉村居民贫富两极分化现象出现”。总体上来说，大地乡居旅游正处于发展初期，经济效益还未凸显，但是乡村旅游对当地的经济发展却提供了很大的帮助，负面经济影响也还未出现。

4.2.1.3 经营者对旅游环境影响的感知

经营者表示，“因为大地乡居是一处乡村度假空间，为游客提供优质的服务和舒适的环境，让都市人回归乡村，安放心灵，所以大地乡居非常注重环境效益，尽量避免旅游开发和建设等对张泉村自然资源丰富程度、生态环境的稳定性产生破坏性影响”。“大地乡居的庭院都是在原来闲置农宅的基础上改造的，由红砖绿瓦建造成乡村农舍风格，在张泉村整体的乡村环境中并不突兀，与自然环境相协调”。“大地乡居会注意减少旅游所带来的环境污染，四个住房庭院限制了游客数量和外来车辆数量，减少汽车尾气对张泉村的大气污染，安排工作人员在菜园种植瓜果蔬菜，避免有大气污染的烧烤类餐饮出现”。旅游中会出现一些“游客采摘居民田园果实”的现象，这出现在居民的反映中，大地乡居经营者对此得知较少。总体上看，大地乡居非常注重环境效益，尽量让旅游带来正面的环境影响，尽可能少地出现负面的环境影响，这不仅可以使大地乡居的存在不会破坏张泉村原本的生态环境，而且还可以借助张泉村的宁静乡村环境吸引游客到来。

4.2.1.4 经营者对旅游社会文化影响的感知

经营者表示，大地乡居处于发展起步阶段，投入大、见效慢，打基础阶段很重要的是提高知名度，塑造良好形象，获取良好的社会文化效益。大地乡居打造的是乡村旅游，营造乡村生活气息，对于张泉村居民的日常生活和生活习惯尽量避免带来任何干扰，尊重乡土原生文化，减少外来事物对张泉村的干扰。大地乡居是张泉村唯一的乡村旅游企业，因此不存在为争夺客源而引起的纠纷。但是张泉村村民大多为中老年人，文化程度较低，居民深层次地参与大地乡居旅游较少，只停留在基础底层级的旅游服务活动。大地乡居对旅游社会文化影响感知一般，既没有花费太多人力物力去宣传大地乡居，增强旅游社会文化的正面影响，也尽量避免旅游活动中出现破坏社会文化的现象和产生旅游社会文化方面的负面影响。

4.2.1.5 经营者对旅游发展影响的总体感知

经营者对大地乡居旅游发展的感知主要体现在经济、环境和社会文化影响三个方面。总的来说，目前大地乡居旅游处于发展初期，经济效益并不是很明显，基于大地乡居的主旨是打造一处品质化的乡村创意度假空间，因此非常注重环境效益，把旅游环境影响放在第一位，同时塑造良好形象，提高知名度，注重社会文化的影响，但经营者表示还是希望“尽早找到一个平衡点，得到回报，使得大地乡居旅游经济得到发展，获得经济效益”。

4.2.2 与张泉村居民的访谈

4.2.2.1 接受访谈的居民基本情况

本次调研共访谈10位居民，性别上，女性占60%，男性占40%；年龄结构上，年龄最小为56岁，最大为77岁，他们常年居住在张泉村，对张泉村发展旅游前后的变化有深

表1 居民对旅游经济影响的感知

经济影响因子	赞成率(%)	反对率(%)	均值	标准差
促进当地经济发展	100.0	0	4.700	0.483
增加就业机会	90.0	0	4.500	0.707
提高居民收入	90.0	0	4.500	0.707
从其他行业转入到旅游行业	30.0	60.0	2.700	1.703
征用居民的土地	40.0	60.0	3.000	1.764
改善本村基础设施(公路、水电设施)	0	100.0	2.000	1.764
导致居民贫富两极分化	10.0	10.0	3.000	0.471
导致物价上涨	0	20.0	2.800	0.422
发展旅游只导致少数人受益	20.0	10.0	3.100	0.568

表2 居民对旅游环境影响的感知

环境影响因子	赞成率(%)	反对率(%)	均值	标准差
增强居民的环境保护意识	90.0	10.0	4.000	0.817
改善居住环境、乡村景观	100.0	0	4.400	0.516
污染增加(大气污染、废水污染、噪声污染、垃圾污染等)	0	100.0	2.000	0
外来车辆明显增多导致汽车尾气增多	10.0	80.0	2.300	0.675
破坏了本地原有的宁静氛围	20.0	50.0	2.700	0.823

表3 居民对旅游社会文化影响的感知

环境影响因子	赞成率(%)	反对率(%)	均值	标准差
发展旅游业改善了村民之间的关系	10.0	0.0	3.100	0.316
提升了本地的知名度和社会形象	100.0	0	4.500	0.527
增强了当地人的自豪感	100.0	0	4.500	0.527
扩大了社交圈	70.0	10.0	3.600	0.699
开阔了当地人的眼界	70.0	0.0	3.700	0.483
影响了本地居民的日常生活	10.0	90.0	2.200	0.632
改变了本地居民的生活习惯	0	100.0	1.800	0.422
导致犯罪和不良现象增加	0	100.0	1.200	0.422

切的了解和感受；文化程度上，均是高中以下文化水平，说明居民整体受教育水平偏低。经调查，张泉村居民总共有农户共84户，几乎全部年轻人都外出工作，留在村里面的大多数为中老年人(45岁以上)。在张泉村乡村旅游开发过程中，居民的参与程度比较低，参与方式也相对单一，一般为一些基础底层级的旅游服务活动，例如打扫卫生、做饭等，并未参与到比较高层级的旅游活动中，比如旅游开发与规划、旅游决策和旅游企业的经营与管理等。但是当地居民在乡村旅游目的地形象的确立中扮演着重要的角色，既是形象的传媒也是形象的主体，他们的态度和行为直接影响着旅游者的旅游体验质量以及对旅游目的地的感觉和印象。

4.2.2.2 居民对旅游经济影响的感知

在经济影响方面，共设有9项经济影响因子(表1)，按照李克特5分制量表从“非常赞同”“赞同”“一般”“反对”“非常反对”分别设置5～1分，分值越高，表明赞同程度越高。经访谈调查，“促进当地经济发展”“增加就业机会”“提高居民收入”这3项赞成率高达90%～100%，均值为4.5以上，这几乎是所有张泉村居民的普遍感知，同时也说明居民对旅游经济正面影响感知强烈。“从其他行业转入到旅游行业”的赞成率为30%，即从事游客餐饮以及客房打扫整理等工作的三个居民表示赞同，他们得知家乡有份和在外地工作收入相符的工作，并且考虑到在家乡工作更加方便，这促使他们从其他行业转入到家乡的旅游行业中。“征用居民的土地”的赞成率为40%，由于大地乡居的六个庭院租用了部分居民的空闲土地，这使得居民也间接地参与了大地乡居旅游，并从中获取一定经济收入，在其发展中受益，因此对旅游持欢迎态度。“改善本村基础设施(公路、水电设施)”的赞成率为0，居民对其表示没有什么变化，这是因为大地乡居是大众筹资，没有政府的支持和帮助，没有更多的资源用于张泉村基础设施的修建。“导致居民贫富两极分化”“导致物价上涨”“ 发展旅游只导致少数人受益”这3项的赞成率和反对率都不高，大多数居民对其表示中立态度，这表明张泉村居民对旅游经济负面影响感知较弱。

4.2.2.3 居民对旅游环境影响的感知

在环境影响方面，共设有 5 项环境影响因子（表 2），经访谈调查，张泉村居民对其中环境正面影响的 2 项"增强居民的环境保护意识""改善居住环境、乡村景观"表示赞同，赞同率高达 90% ~ 100%，均值为 4.0 以上。这说明居民对于大地乡居旅游环境正面影响感知很强，大地乡居属于休闲乡村旅游，注重乡村原貌的维护，这有利于改善居民居住环境、乡村景观，同时也增强了居民乡村环境保护意识。对其余 3 项环境负面影响表示反对，"污染增加（大气污染、废水污染、噪声污染、垃圾污染等）"反对率为 100%，大地乡居给张泉村带来的大气污染、废水污染、噪声污染、垃圾污染等污染非常少，周边居民投诉几乎没有；"外来车辆明显增多，导致汽车尾气增多"反对率为 80%，大地乡居游客出游基本上在周末、节假日和暑假，且大地乡居仅提供四间客房，客房全满的情况下进入张泉村的外来车辆最多为 4 ~ 5 辆，客房出租量少的情况下进入张泉村的外来车辆为 1 ~ 2 辆，因此大地乡居旅游并不会使张泉村的外来车辆明显增多，不会增加过多的汽车尾气。"破坏了本地原有的宁静氛围"赞成率为 20%，只有极少数居民反映少数游客会在秋季采摘居民自家种植的板栗和核桃。环境成本考察发现，游客数量的增加带来一些攀折等生态环境破坏行为 [31]，破坏了本地原有的宁静氛围和生态环境，反映只是极少数，说明不是所有居民都认识到一定的环境负面影响，大地乡居旅游还停留于旅游生命周期模型的初期阶段，居民对环境方面负面影响的感知程度不高，潜在的自然生态环境影响因素没有引起足够的重视。

4.2.2.4 居民对旅游社会文化影响的感知

在社会文化影响方面，共设有 8 项社会文化影响因子（表 3），经访谈调查，正面影响中的"发展旅游业改善了村民之间的关系"赞成率为 10%，反对率为 0，张泉村居民对其表示中立意见，这一项在大地乡居发展过程中对居民的影响并不明显。居民对于其余 4 项正面影响"提升了本地的知名度和社会形象""增强了当地人的自豪感""扩大了社交圈""开阔了当地人的眼界"表示赞同，尤其是对乡村旅游"提升了本地的知名度和社会形象"和"增强当地人的自豪感"两项居民反映很好，赞成率高达 100%，均值在 4.5 分以上，说明张泉村居民已经从内心感受到发展旅游业带来的好处，且以此为荣。对旅游的 3 项社会文化负面影响"影响了本地居民的日常生活""改变了本地居民的生活习惯""导致犯罪和不良现象增加"，赞成率低至 0 ~ 10%，居民感知度很弱，几乎没有人认可旅游带来的此类负面影响，说明旅游发展之初，居民切身感受到其正面影响，而负面的社会文化影响还未完全显现出来。

4.2.2.5 居民对旅游发展影响的总体感知

张泉村居民对大地乡居旅游发展的感知主要体现在经济、环境和社会文化影响三个方面，总的来说，目前大地乡居旅游处于发展初期，居民对大地乡居旅游发展所带来的正面影响感知较强烈，对负面影响感知较弱，对大地乡居旅游发展持较理智和积极的支持态度，认为开展乡村旅游利大于弊，对旅游业发展现状感到满意，同时，居民对旅游发展给自己带来的经济效益更加关注，而把旅游所带来的环境和社会文化影响放在次要地位。

5 结论

在大地乡居·张泉发展初期，经营者感知到旅游对自身的经济发展还未获得很好的回报，经济效益不太凸显，对旅游环境影响最为关注，避免旅游对乡村环境造成破坏，力争为游客提供优质乡村休闲环境，而对社会文化影响感知一般。张泉村居民对旅游发展中的经济正面影响感知较强烈，对给自己带来的经济效益更加关注，而把旅游所带来的环境和社会文化影响放在次要地位，同时在旅游发展初期，对环境和社会文化的正面影响感知较强烈，对负面影响感知较弱。未来，大地乡居在发展中，应该更好地发挥其社会效益和环境保护作用，同时寻求恰当的市场运营模式，实现社会效益和经济效益良好的契合，从而真正实现绿色可持续发展。

致谢：本调研得到了北京市优秀人才项目（京津冀一体化背景下乡村旅游地城镇化研究）的资助；此外特别感谢张先悦、姜孝龙、肖书文、郭富劼、刘浩然等调研小组成员对田野调查、深度访谈和问卷调查提供的支持和帮助。

参考文献

[1] 徐琪. 我国乡村旅游的发展现状、存在问题与对策[J]. 贵州农业科学，2009，37(10)：218-221.

[2] Briedenhann，J.，& Wickens，E. Tourism routes as a tool for the economic development of rural areas—vibrant hope or impossible dream?[J]. Tourism Management，2004，25(1)：71-79.

[3] MacDonald，R.，& Jolliffe，L.. Cultural rural tourism：evidence from Canada[J]. Annals of Tourism Research，2003，30(2)：307-322.

[4] 邵琪伟. 发展乡村旅游促进新农村建设[J]. 求是，2007(1)：42-44.

[5] 卢冲，张晓慧. 我国乡村旅游市场发展现状分析[J]. 安徽农业科学，2008，36(16)：6904-6906，6923.

[6] 张歆梅. 乡村旅游中游客导向的乡村性研究[D]. 北京大学，2008.

[7] Fleischer，A.，& Felsenstein，D. Support for rural tourism：does it make a difference?[J]. Annals of Tourism Research，2000，27(4)：1007-1024.

[8] Molera，L.，& Pilar Albaladejo，I. Profiling segments of tourists in rural areas of South-Eastern Spain[J]. Tourism Management，2007，28(3):757-767.

[9] 李湘云，杨占东，郭璇. 基于体验视角的北京乡村旅游服务质量提升对策研究[J]. 经济研究导刊，2015(14)：118-120.

[10] Paniagua. Urban-rural migration，tourism entrepreneurs and rural restructuring in Spain[J]. Tourism Geographies，2002，4(4)：349-371.

[11] 张环宙. 乡村旅游对农村经济影响的实证研究——以浙江省浦江县仙华山村为例[J]. 浙江教育学院学报，2009(3)：42-49.

[12]顾筱和，黄郁成. 试论乡村旅游的经济影响[J]. 广西社会科学，2006(2)：52-55.

[13] 李静. 乡村旅游对县域经济的影响—以南街村为例[J]. 漯河职业技术学院学报，2010，9(1)：71-72.

[14] 李海平，张安民. 乡村旅游对农村经济发展的影响—以浙江省湖州市乡村旅游为例[J]. 湖州职业技术学院学报，2010，(2)：77-81.

[15] 韦瑾，薛东前. 乡村旅游经济对农村经济的影响及可持续发展[J]. 江西农业学报，2010，22(4)：150-152.

[16] 张晓峰. 乡村旅游对农村经济的影响[J]. 合作经济与科技，2015(18):18-19.

[17] Maude A. J. Rest D.J. The social and economic effects of farm tourism in the United Kingdom[J]. Agricultural Administration，1985，20(2)：85-99.

[18] Ganoves G，Villarino M，priestley G K，et al. Rural tourism in Spain:an analysis of recent evolution[J]. Geoforum，2004(35)：755-769.

[19] Garrod B，Wornell R. Re-conceptualising rural resources as countryside capital:the case of rural tourism[J]. Journal of Rural Studies，2006，22：117-128.

[20] 杜江，向萍. 关于乡村旅游可持续发展的思考[J]. 旅游学刊，1999,14(1):15-18.

[21] 孙江虹. 乡村旅游对农村环境的影响两面性探析[J]. 农业经济，2013(01)：26-27.

[22] 王晓娟. 乡村旅游对农村生态环境影响研究[J]. 陕西农业科学，2014，60(5)：109-111.

[23] Liepins，R.. Exploring rurality through 'community'：discourses，practices and spaces shaping Australian and New Zealand rural 'communities'[J]. Journal of Rural Studies，2000，16(3)，325-341.

[24] 何景明. 国外乡村旅游研究述评[J]. 旅游学刊，2003，18(01)：76-80.

[25] 黄红星，罗仕伟，张志勤. 乡村旅游中城市文化对乡村文化的消极影响分析[J]. 安徽农业科学，2007，35(36)：12027-12028.

[26] 李先锋，何健. 乡村旅游对回族社区居民社会文化影响的实证调查与分析—以宁夏古城村为例[J]. 资源与产业，2010，12(01)：95-100.

[27] 王小辉. 旅游社区居民对乡村旅游社会文化影响研究——以焦作云台山景区居民感知分析为例[J]. 西安邮电学院学报，2011，16(06)：99-102.

[28] 牛自成. 乡村旅游发展对旅游地社会文化影响研究[J]. 佛山科学技术学院学报，2016，34(01)：47-53.

[29] 大地风景国际咨询集团. 北京首个乡村社交度假项目“大地乡居·张泉”七夕前夕浪漫启幕. 2016.

[30] 胡文海. 基于利益相关者的乡村旅游开发研究 —— 以安徽省池州市为例[J]. 农业经济问题，2008(7)：82-86.

[31] 晁凡. 乡村旅游地居民对旅游影响的感知及态度分析 —— 以互助小庄为例[J]. 中国集体经济，2009，19：133-134.

社会组织策动下的全覆盖保护活化古村落的模式探索——以古村之友为例

Ancient Village Protection and Rejuvenation Driven by NGO:A Case of Chinese Organization Gucunzhiyou

文 / 汤　敏　邓惠玲

【摘 要】

古村落保护的必要性和紧迫性，逐渐形成了社会的共识，但是只停留在保护的层面，已经不能满足社会的要求，广大的古村需要一个良性的活化模式及全面、可持续的发展思路。古村之友经过三年的实践，逐渐探索出一条“互联网公益+新乡贤+乡土文化场所复兴重塑凝聚力”的模式路径。通过本文的论述和多个案例的介绍，希望能够为广大古村的活化发展提供思路与借鉴。

【关键词】

古村落活化；社会组织；互联网公益；乡土文化复兴；古村之友

【作者简介】

汤　敏　深圳市古村之友古村落保护与发展促进中心理事长

邓惠玲　深圳市古村之友古村落保护与发展促进中心研发主管

图1 福建永定初溪土楼 吴必虎/摄

1 古村落保护与活化的必要性和紧迫性

古村落是人类为适应环境而形成的群居聚落，中国传统村落具有地域性和民族性的双重特征，不同地域的自然物产资源与气候条件，往往决定着不同地域适宜人居的建筑形制；而不同的民族村落建筑，又折射出不同民族的文化精神与审美情趣。古村落中保留着完好的宗族文化和民俗文化，浸润着历史的记忆和乡土文化的传承，而精美的建筑艺术、独特的民间工艺、多样的民俗活动、朴实的生活方式则构成古村迥异于城市的独特美学（图1)。随着中国的城镇化进程发展至今，城乡失衡愈演愈烈，古村的命运也岌岌可危。如果说富有特色的乡土建筑倒塌尚可重建，古村落作为文化载体的灭失、文化传承的断裂则是无法挽回的灾难。

2012 年，经冯骥才呼吁，国家住建部、文化部、文物局、财政部组建了由建筑学、文化学等各方专家组成的委员会，对传统村落进行调查和认定。截至 2016 年，我国共公布了四批“中国传统村落”名录，4153 个村落被列入“中国传统村落名录，”而第五批传统村落名录也正在征集中。当这些形态完整、遗存丰富、具有较高历史文化价值的传统村落被甄选和认定下来，列入名录之后，虽然拥有了身份和属性，但这并不意味着其保护的工作已经完成，相反保护工作则是刚刚开始，它有待于系统化、法制化和科学化。对于那些大量没有列入名录、资质相对平庸的古村，更需要寻求有效的社会机制来保护活化。

在全国上下保护古村形成全面共识的情况下，只停留在保护层面已经不能满足社会的要求，广大古村需要一个良性的发展思路，一个全面惠及古村和乡村的解决方案，一个超出活化一座古村的全局方案，一个义利并重的实现路径，一个基层民众获得参与感和发展感的模式设计。

2 古村之友全覆盖保护活化古村落的模式探索与实践

在古村活化的模式上，古村之友开启了一个以社会组织牵头，广泛调集社会力量，通过“互联网公益 + 激活新乡贤 + 复兴乡土文化场所重

图2 广东梅州客家围龙屋 叶益坤/摄

塑古村凝聚力”的活化模式，有别于重点依托资本或政府扶持的小范围活化模式，依托社会力量和新乡贤创客，正在开拓出一种广泛适用于各类古村的全覆盖活化模式。这种模式在古村的社会结构建设、社会贫富差距缩小、古村社会自治，以及贫富信任重构等方面有着非常明显的优势，这也是以第三方社会组织作为社会型建设牵头者的必要性。

2.1 观念输出与倡导，建立古村志愿者保护网络

传播和观念输出与倡导是古村保护最好的策略，通过社会舆论让拆除古村的念头渐渐退下，让认识不到古村价值的村民和人们在舆论引导下重新珍爱古村。2014年11月，广东梅州发布了新区规划，根据该规划，整个梅州市区近90%的客家围龙屋要被拆掉。围龙屋是汉族客家文化中著名的特色民居建筑（图2），一直关注古村保护事业的汤敏联合各方力量，在微信上呼吁号召，文章迅速获得超过10万的浏览量，引来各方声援。几经波折，在社会舆论压力之下，围龙屋群最终被保护了下来。

我国还有许多的古村落、古建筑亟须保护，仅靠针对某一项目的奔走、呼吁，跑不赢古村落消失的速度，因此，建立一个全国的古村落保护网络相当必要。古村之友创立之初，运用互联网，结合线下走村接见的方式，呼吁倡导各方人士加入古村保护队列，建成全国古村落保护网络。古村之友成立仅半年，团队已覆盖30个省份1000支志愿者队伍，拢聚成四五万人的古村保护志愿者团队，形成稳固的“心愿共同体”。

古村之友还通过公益诉讼，搭建起古村救援通道，并推动国内首个人文遗迹（文物）保护的公益诉讼及《文物保护法》的修订，让古村落志愿者保护监督古村有了法律渠道的保障。

2.2 互联网公益PNPP模式，激活新乡贤

古村之友在实践中发现，村民的不理解、不配合是古村保护的一大阻力。由于村民没有认识到古村的价值，导致古村保护步履维艰。保护和活化古村的核心是人，无论是保护还是活化，归根结底是需要人才队伍。

在古代，乡贤是指乡土社会中有德行、有声望、有才能的贤达人士。古村之友致力于发掘、培养致力于乡村发展的新时代乡贤，孵化

图3 东源村古书堂修缮前后

图片来源：作者提供

古村创客、大学生村干部等人才成为古村保护与活化的重要抓手。新乡贤大致可以分为三类：一类是"在场"的乡贤，即本土乡贤，他们生于本土、扎根本土，是在村民中脱颖而出的能人；一类是"不在场"的乡贤，即外出乡贤，从乡村走出去，人在外心却在家乡，关心家乡的发展，用新思维、新观念、新知识和新财富支持家乡建设与发展；还有一类是"外来"乡贤，即在农村创业建设的外来生产经营管理人才。

新乡贤为古村发展劳心、劳力、劳财，却往往因为没有获得直接回报而无以为继。古村之友发起新乡贤工程，运用互联网公益PNPP模式助力新乡贤，完成公益项目的社会共建。

互联网公益PNPP（Public-NGO-Private-Partnership）模式是指：借助互联网筹款平台，通过企业领捐、政府引捐、社会认捐、基金会配捐，并由专业枢纽组织完成社群搭建和资源搭接，以确保公益项目有效落地执行。

福建省宁德市柘荣县东源村的古书堂修缮是古村之友的"古村老宅活化"项目之一，也是运用互联网公益PNPP模式，充分调动社会资源的典型案例。东源古书堂有着悠久的历史，曾见证了元、明、清三代的兴衰更替，又陪伴着东源村的先辈们走过两个世纪的风雨。时至今日，东源古书堂日显倾颓，急需修缮。柘荣县是个贫困县，虽然村里已自筹了一笔资金，仍有巨大的资金缺口。到柘荣县调研的陈枫处长发现了这座古书堂，立志帮村民完成修复书堂、留住文脉的心愿。当古村之友发起"古村老宅活化"活动时，很快就收到了陈枫的报名。2016年5月，在古村之友的协助下，陈枫在网上发起乐捐，为古书堂筹措资金。作为一个"外乡人"，陈枫的行为感动了乡亲，更打动了网友。在古村之友和网友、媒体的宣传下，社会各方开始为古书堂修缮提供各种各样的帮助——传媒公司为古书堂提供公益设计方案，画家为古书堂挥毫创作，书画名家为古书堂捐赠书画，退休干部为古书堂题写对联……众人拾柴火焰高，仅仅三个月，古书堂又重现往日书香（图3）。

2016年9月，在由腾讯发起的99公益日活动中，古村之友帮助的37个新乡贤古村相关项目上线筹款，最终筹款总额327万元，参与人次近2万人。为了提高帮扶和孵化效率，古村之友还推出了2016首届中国新乡贤公益创业大赛，并引入互联网

图4 古村之友志愿者进行古村考察 柏奇兄弟/摄

PNPP 模式，除奖金外，对影响力较大的项目采用配捐形式，扩大资金使用效益。该模式也得到了复制推广，2017 年古村之友和山东省扶贫开发基金会合作开展山东扶贫创客培育计划，帮助 30 个新乡贤扶贫项目上线筹款近 265 万元，参与人次近 2 万人。迄今，古村之友已在全国公益孵化 300 余名新乡贤，涵盖祠堂、书院、非遗、出版、老字号、乡土农产等多个方面，带动新乡贤活化乡村资产近 2 亿元。

新乡贤是实现从顶层到基层、从文化到产业的关键节点。培养新乡贤，以增量带动存量，使得古村复兴有抓手，让古村真正从源头"活"起来。这是一个全新的生态系统，比组织或个人单打独斗要强。新乡贤带来人文关怀，以及资金、技术的帮助，同时还覆盖到每个县，是一个能解决根本问题的长效机制，也是一个可持续的过程。

2.3 古村志愿者活动基地，营造古村人气

对于那些默不知名的偏远空心古村，人气营造是一切工作的前提，社会组织中人的兴趣团聚与规模优势能起到很大作用。比如大量志愿者不间断地关心古村，在古村中开展活动，并形成良好的自媒体和与传统媒体之间的互动，同时公益群体本身的兴趣和使命原动力，会给古村增添浓重的情怀营销成分，而这些都是将古村推向世人、增加知名度，同时低成本运作的思路。这些活动可能包括为古村摄影、为古村奔跑、为古村口述历史、为古村互助影像等，方式不一而足，通过此类高频低门槛的古村志愿者活动，吸引城里人走进古村，并将古村的所见所闻及土特产品带出古村（图4）。

利用古村的老宅开展志愿者活动，既满足了志愿者开展活动的物质空间需求，同时凝聚人气，带动了古村老宅的活化。古村之友通过授牌古村之友志愿者活动基地，推动各地古村活化利用老宅建筑，开展各类能够凝聚村民、启发当地群众和政府对于保护古建、民居的认知，形成文化认识和保护意识的公益活动。位于甘肃省庆阳市的本园是首批获得授牌的古村之友志愿者活动基地之一，该基地是在外工作的新乡贤李本池在家乡开展的乡土民居实践项目，其通过创新性地设计和利用当地特色民居，将传承传统文化内涵与现代人生活的审美要求相结合，开展各类乡土文化活动，

触动当地人心灵的记忆，激发当地村民对身边息息相关的古村落民居的文化认知和保护意识。本园项目的互联网传播，让更多的人认识了这座村子，也因此激活了村子的人气及村民的认同感。

2.4 乡土文化场所复兴，重塑凝聚力

一座古村的形成其实是一个家族成员数百年凝聚的物质载体，一本家谱和祖训是一个家族数百年精神的凝练，一个区域人杰地灵、物质富庶也是这一地区数百年不断进步凝聚形成的集体智慧，我们看到的经济繁荣、文化璀璨、社会祥和背后的密码是地区凝聚力。因此，抓住复兴古村凝聚力的载体，重振凝聚力，后面的经济、文化、社会的全面发展都是顺带之物。

古村当中还以祠堂为文化的精神高地，以家谱为史志来励志以及传承文化，以祖训和诗词匾额、雕刻作为高级的文化表达形式来传递精神和价值观。古村之友通过寻找和推动各地家谱、家训，对家族名人传记挖掘、整理、出版，以此重塑家风意识，弘扬传统文化里的家风观念与载体。2017 年 4 月古村之友发起好家风联合筹款资助计划，面向全国征集家谱修编、祠堂精神复兴、人物传记编写类项目，推动近 30 个项目上线，经过一个月的筹款动员线上线下带动近万人直接参与，推动项目落地，影响辐射近 50 万人。

除了线上好家风联合筹款行动和传播，古村之友亦在推动线下家史馆的实体空间建设。家史馆不仅是家族文化的记录，更是家族成员情感共融的载体，也是家风家教、历史文化传承的教育基地。家史馆的建设是利用家族的老宅或祠堂作为展示空间，展示内容可以是家谱、祖训、堂联、诗词匾额、家族人物的传记、生平事迹、老照片、过去的用具物品、家族纪录片等，家族所在村子的村史、村貌、村姓、村贤、村风、村俗、村物、村艺、村训、村愿也可作为展示物。对古村来说，它的内生构成就是一个或者几个宗族，外在力量的帮助是一部分，而其自身的宗族凝聚，则显得尤为重要。尤其不能出现我们外在部分在不断地提供帮助，但内在却是冷冰冰的情况。这样的操作实际上是非常无效的，并且对宗族的内部也会是很大的伤害。因此，家史馆的建设实际是在为家族提供内生力量凝聚的载体，促进家族的团聚与文化传承。

杭州市萧山区凤坞村的《凤凰坞抗战记忆》传记项目是古村之友好家风工程的项目之一，也是利用当地古村特殊的抗战历史，修复老宅做抗日纪念展馆，出版族人抗战传记，重塑古村凝聚力的典型案例。项目发起人新乡贤周寅是河上镇副镇长，也是关爱抗战老兵的志愿者，萧山抗战纪念馆和中美合作抗战纪念馆筹建人。

1938 年因日军轰炸萧山县城，萧山县政府被迫南迁河上镇凤坞村，在长达 5 年多的时间里，凤坞——这个隐秘在大山中的小村庄，成了萧山军民抗日的指挥中心，也因为这个原因，这里饱受日军的血腥轰炸。同时，各界爱国人士和抗战队伍在村中云集。凤坞至今仍保留有县政府旧址、新四军烈士墓、战壕等遗迹。为使抗战遗迹得以保留、抗战历史为后人铭记，2014 年开始，周寅和志愿者们主动与河上镇凤坞村联系，利用抗战胜利 70 周年的契机，在全区范围内开展筹建萧山抗战纪念馆活动。通过民间筹集资金近百万，修缮了抗战时期萧山县政府驻地老宅，从全国各地及海外收集各类抗战物品资料数百件，开办了萧山抗战纪念馆，它也是全国第一个民间力量筹建的抗战纪念馆。

在筹建纪念馆的过程中，周寅与志愿者发现了萧山本地有大量中美合作抗战的事迹，且遗留了当年受伤美军飞行员住过的房屋，他们还从海外收集了大量援华美军的资料物品。因此，周寅参与了古村之友的“古村老宅活化项目”上线众筹，修缮此座老屋，并进行布展陈列，建成了一座中美合作抗战纪念馆（图 5）。

在筹建两座抗战纪念馆期间，志愿者在收集资料、开展调查时，发现了许多凤坞村董姓族人在抗战期间爱国奉献的感人故事。志愿者和乡贤决定挖掘整理凤坞抗战历程和董姓族人为抗战作出的牺牲和贡献，编纂成册出版，把抗战历史和家族精神延续继承下去，并成为凤坞抗战文化的代表作。古村之友好家风工程项目支持了《凤凰坞抗战记忆》这本书的出版。

经过三年多的努力，凤坞村这座原来默默无闻的小山村现在已经成为爱国主义教育基地，每年接待游客数万人，围绕抗战主题的观光旅游、拓展训练、民宿农家乐、民

俗节庆等把乡村旅游带动了起来，2017年10月凤坞村还被评为浙江省3A级景区村庄，凤坞村的活化取得了显著成效。

2.5 整合资源，推动古村地区的整体发展

古村地区的整体发展单靠政府投资，难以形成运营；由单一企业主导，以景区开发或旅游地产的思路发展，业态相对单一；以大量分散民宿，以民间活力带动，业态仍相对单一，并缺乏区域格局，难以形成综合效应。因此，整合各方资源，形成古村综合体，带动古村周边地区整体复兴发展才是健康、可持续的古村活化模式。

古村之友在实践中发现公益型社会组织天然的社会属性与使命是完成资源整合、资源互助和信任构建的最佳桥梁。古村之友通过发起大型平台交流活动，如古村镇大会、古村与新乡村主题展、中国新乡贤大会、中国县长大会等，完成政府、企业、高校、社会的跨界资源整合，以助力古村的发展。

贵州省大方县黄泥塘镇背座村的“水族客厅复兴”项目是通过激发村子内生动力，获得平台多方资源支持，复兴地区发展的案例之一。背座村是一个原始偏远的水族村落，这里有一栋始建于清代乾隆年间、历经百年风雨洗礼的老宅，见证了当年水族人民围着铜鼓载歌载舞的盛世景象。在现代文明与古老文明的冲击下，钢筋混凝土建造的小洋房代替了传统的木质建筑，水族青年们为了谋生，纷纷外出务工。这栋老宅，因年久失修，终于经不住风雨的摧残而倒塌。村里的水族老

图5 浙江省杭州市萧山凤坞村——中美合作抗战纪念馆 **图片来源：作者提供**

图6 贵州省大方县黄泥塘镇背座村 **黄齐名/摄**

人希望留住这个供奉水族铜鼓、山歌悠悠的老宅。于是，背座村的新乡贤张会，参与了古村之友发起的中国新乡贤公益创业大赛，发起“拯救水族客厅”的项目，希望通过老宅的修缮，再现水族山歌，让年轻一代留住即将消失的水族非物质文化，以此振奋民族精神，增强民族自信心和凝聚力（图6）。

“拯救水族客厅”项目得到了村民积极的响应，村民纷纷捐款修缮老宅，但是单靠一个贫困村的力量是有限的，在古村之友的帮助下，项目通过互联网筹款并获得了企业的配捐。在新乡贤大会路演上，张会带领的“水族客厅项目”表现优异，对接了相关资源，其中古村之友贵州的设计师志愿者给水族客厅免费提供了修缮设计方案，深圳飞越彩虹合唱团基金会携手华堂投资公司共同帮扶背座村，成立了背座村飞越彩虹童声水族合唱团等。

随着“水族客厅”项目的传播，背座村也逐渐受到越来越多团体的关注，深圳龙岗区文化界代表团、湖南卫视栏目组、中国旅行社贵阳分社、上海画家采风团等文化、旅游专业团体考察、踩点，逐渐带动了背座村的人气（图7）。也因此，背座村后续得到了政府的配套扶贫资金、投资公司提供的发展规划和投资，及获得有资助的文化配套设施建设。背座村配套设施的完善，逐渐带动了该地区多方产业的发展。

通过背座村的案例，我们发现通过公益搭台，激发乡村内生动力，公益持续接力，帮助乡村积累社会资本，从而获得政府配套，优化投资环境，吸引资本进入，改良古村地区产业结构，是一个有效地带动乡村地区整体发展的方式。

图7 志愿者与村民们合影 **黄齐名/摄**

3 结语

古村保护具有现实意义和迫切性，而古村保护的出路在于活化，古村活化的核心在于古村宗族凝聚力的重塑及乡土文化的复兴。古村之友经过三年的实践，逐渐探索出能够惠及广大古村与乡村活化发展的模式，通过“互联网公益+激活新乡贤+复兴乡土文化场所”的方式，重塑了地区的凝聚力，广大的群众积极参与到乡村复兴建设中，推动乡村旅游、现代农业、招商引资的发展，形成公益搭台、发展唱戏、义利并重的可持续互助局面。相信古村之友古村活化模式的示范推广，能够带动全国广大古村的全面发展。

参考文献

[1] 冯骥才. 传统村落的困境与出路——兼谈传统村落是另一类文化遗产[J]. 传统村落，2013(1): 7-12.

[2] 汤敏. 古村保护与活化的社会化探索＃古村之友发展回顾[EB/OL]. http://blog.sina.com.cn/s/blog_6c88952e0102vq5t.html.2015-07-23.

[3] 汤敏. 社会公益组织牵头活化古村的新探索：古村之友活化古村的尝试与思路[EB/OL]. http://blog.sina.com.cn/s/blog_6c88952e0102vn8f.htm.2015-06-18.

[4] 汤敏. 乡村即珍宝——古村价值体系与古村事业综合发展观[EB/OL]. http://dwz.cn/6CYcnk. 2016-08-04.

[5]杨芸.古村之友:互联网公益如何助力乡村复兴?[EB/OL]. http://www.chinadevelopmentbrief.org.cn/news-19779.html. 2017-07-18.

民宿里的新乡贤梦
Homestay and New Squire

文 / 孙　鹏

【摘　要】

民宿与乡建是中国目前社会发展的热点与难点，特别是民宿经营者与原住民之间的矛盾，以及民宿与乡建之间的联系问题。本文讲述了一个民宿经营者与三个古宅院落所有者之间的故事，试图通过这三个故事揭示乡村社会不同阶层对城市文化下乡的不同期望与诉求（从外乡租客，到家族守院人，再到民宿合伙人），进而探索“外来”与“原乡”之间融合发展的新乡贤梦。实现以民宿为链，缝合城与乡的隔阂，对接市民与乡亲；以民宿为载体，通过乡学教育来让市民体验乡土在地的故事及文化，在城乡互动过程中重建当代的新乡村精神，再造当代的新乡村生活方式，再塑当代的新乡贤团体。

【关键词】

民宿；乡建；新乡贤；在地教育

【作者简介】

孙　鹏　高级城市规划师，美国注册景观设计师，腾冲和顺古镇“一树台”客栈创始人

注：本文图片均由作者提供。

图1 火山环抱中的极边古镇

1 三个民宿的故事

人生的很多梦想轨迹也许都开端于偶然，我在古镇的民宿故事就是这样。那年到云南出差，忙中偷闲顺便去腾冲和顺这座声名远播的滇西古镇走走，没有多想，几乎是随意选了一个客栈住了进去。那家客栈的主人叫月姐，是一位刚从西藏退休的女作家，定居在这里进行文学创作，同时打理着一家客栈和酒吧。我好奇地问她为什么选择古镇定居，她说这里安静啊，能静下心来想东西、写东西。我相信月姐说的，这座以田园风光著称的极边古镇，不是江南，胜似江南，人们日出而作，日落而息，生活的确恬适悠闲（图1、图2）。

每一个都市人的心底都藏有一个原乡梦。不能免俗，疲于奔命的都市生活让我对古镇及这样的闲适人生无比向往，我随口和月姐说，如果我闲下来也能够这样生活多好。月姐很热心地说，“可以帮我在这里物色一个老房子，闲来无事到此度假。”短暂相聚之后，我继续回京投入到繁忙的工作生活中，月姐的话也成了过眼云烟。然而不久我竟然接到了月姐的电话，说是帮我找了一个空置的院子，问我要不要过去谈谈，一切出乎意料地顺利。

到这里，这就像是一个俗套的都市人的乡愁故事。为了躲避北方大都市终日的雾霾，为了给家人和朋友提供一处休闲度假的去处，寻找彩云之南一处安静的院落寄托自己的一点点乡愁。

没有想到的是，在接下来的日子里，我将陆续与三个院子和三个房东发生一系列故事，而我对民宿投资运营和乡村建设也有了全新的理解。

图2 恬静的乡村生活

图3 2012年，笔者签约的年久失修的第一家民宿

图4 2015年，重建后的第一家民宿：一树台

1.1 我的第一家民宿——“一树台”

我签下的第一家民宿的房东是一位 80 多岁的老人。老房东世居古镇，是古镇普通家庭的典型代表，家境一般，老房子年久失修，急需修缮(图 3)。80 岁的老房东一直絮叨他租给我就是希望能够把祖宅重建，盖得更好。我们同意了，于 2014 年开工建设，由表弟代表我们驻场打理。

第一间民宿的改造和经营过程充斥着与房东大爷的各种花絮。开工后我们才知道，老房东是村民眼中的“难对付”。他会为了把自己的地基扩大一尺，晚上趁大家睡觉，自己加班挖坑偷偷把桩基石往外挪，占一点邻居家的小便宜，然后自己病倒一个星期。他会现场检查我们的方案以及木料选材，对各种施工过程指手画脚。营业期间，他会随时到客栈房间里来巡查，全然不顾是否有客人入住。过程中有各种类似的争吵与协商，但也一个个槛地跨过去了。我也知道，老房东折腾既是因为他的本性，还因为他也知道这两年周边房租涨价了，他心里不甘。我觉得既要坚守合约规则，不能一味满足村民的索要，但又不能充耳不闻、漠视不理。如何协调好主客之间的关系，如何兼顾双方的利益诉求，我开始认真思考这些问题。偶然的机会，我发现老房东家庭有一个出众的本事，就是侍弄花草，我就和他协商，请他们每年帮我们养一些花草，我们定期按照市面价格购入放到客栈。除了每年固定房租，还有花草销售收益，老房东欣然答应。自那之后，老房东的折腾明显变少，我们也能全身心投入到民宿的运营管理中去(图 4)。

与老房东打交道的过程虽然曲折，但是最终的结果还算和谐。这件事让我明显地感受到：那种交清房租，彻底隔离开原住民，不让原住民分享后期利益的传统租赁方式，是不利于市场的整体和谐的，只有和房东达成一种长期的互惠关系，这种协议才能长久。

图5 三位老人向笔者讲述家族和老宅的故事

图6 航拍下的古镇民居群：破败与更新并存

1.2 我的第二家民宿和第三家民宿

2015年元旦，我的第一家民宿——“一树台”尚未正式开业，就迎来了邻居家的登门考察和到访。邻院是当地一个德高望重的教育世家的百年祖宅，家族后人都已移居到国外或省城，老宅年久失修，空置多年，只有一个远房亲戚在那里偶尔照看一下。

三位耄耋之年的家族长辈反复考察了我们的民宿之后，登门找到我们。老人郑重地对我说，后人走再远，根还在故乡。老宅是我们大家族的根基，一定要交给负责任的人维修和打理。他们交给我们来改造经营，是相信我们的认真态度和专业能力（图5）。

和家族长辈们对未来设计理念以及运营思路的高度一致性，使得我顺利租下了第二处院落。而我觉得自己之所以能够如此幸运，不是在于我的商业逻辑有多好，而是在于我愿意倾听房东的心声，并将心比心。为了尊重老人们的愿望，老宅的改造全力尊重原有格局，保持了历史风貌；为了满足老人对家族聚会的需求，我们约定欢迎老人全家一年60天免费入住。这第二间民宿，我们的角色其实就是一个守院人，我们在替老人传承家族的历史。

三位老人在当地德高望重，颇受尊崇。他们与我们的合作模式很快便被乡人知道，不久之后，半山上的第三家民宿主人主动找到我们。他在城里经营着一家旅行社，希望能够和我们达成深入的合作，借助我们的设计和运营资源把自家院落打造成精品民宿品牌，我们欣然应允。在第三家民宿的经营中，我们扮演着商业合伙人的角色，这正是我们期望的主客关系，齐心协力，互惠共利（图6）。

2 “乡贤”新定义

三座老房子，三种房东类型，折射出乡村社会不同阶层面对城市文化下乡的不同期望与诉求。从外乡租客，到家族守院人，再到民宿合伙人，我们在经营民宿过程中扮演的三种角色，也让我逐步对民宿投资经营者与地方百姓之间应有共生共荣的主客关系有了更进一步认识，于是我想到了最近很流行的"新乡贤"的提法。

2016年，全国两会讨论《"十三五"规划纲要》时，"新乡贤文化"被正式推出。提出这个概念的钱念孙代表强调"告老还乡"以及"退职还乡"。古代中国社会重土难迁，人们崇尚叶落归根，乡绅阶层的确是由德高望重的本乡本土人构成的，但当今社会已与传统社会有本质的不同，人口流动，地域迁移已成为社会大势，难道只有回归故乡才能成为新乡贤么？心安之处即是故乡，任何一个对土地有热忱、对乡村有梦想、对村民有诚心的人，都可以成为新乡贤（图7）。

在这一轮乡村建设浪潮中，民宿可以成为新乡贤梦想的载体，成为城市与乡村对接的端口，来这里的每一位客人，都可以为乡村文明的复兴和重塑贡献力量。我的民宿中经常展示古镇本地的民间工艺，每一个住客对这些乡村文化遗产都很珍惜，他们也都愿意帮忙出谋划策推广宣传。当地的土陶非遗传承人在民宿客人的订制生产中不断地改进他的设计和工艺，几乎失传的手工绣花布鞋在民宿客人的鼓励和支持下重焕生机并打入展销会，类似于此的变化虽然细微，但就是这点滴的细节，改变着当地人的意识以及眼界，促进了新的乡村文明的形成。

图7 吾心安处是吾乡——当代新乡贤

3 乡村实验的理想

现在，我想做一个乡村实验：以民宿为链，缝合城与乡的隔阂，对接市民与乡亲；以民宿为载体，通过乡学教育来让市民体验乡土在地的故事及文化，在城乡互动过程中重建当代的新乡村精神，再造当代的新乡村生活方式，再塑当代的新乡贤团体。

在这样的民宿里，城市客人会接受一场原乡生活的民宿体验和教育逆袭：农事作业，自然风物，手工民艺、节事礼仪、饮食起居（图 8、图 9）。通过这样的教育与体验方式，让家族老宅在民宿经营过程中延续地方文脉和生活记忆，这是真正活着的新民宿和新原乡。

在这样的民宿里，每一个城市客人都可以成为乡村文明的接续力量，都能身体力行到乡村文化建设的过程中。在深度体验乡土文化的过程中，客人和乡民直接对话，新的创意和产品在沟通和对话中产生，进而实现地方百姓生活质量的改善以及新文化生活的提升。

小民宿里寄托着大事业。欢迎更多人共筑民宿里的新乡贤梦。

图8 城市儿童在腾宣非遗工坊体验造纸

图9 非遗皮影受邀为民宿客人演出

乡村众创营：如何正确打开“大众创业，万众创新”时代?

Rural Innovation Camp: How Can We Realize an Era of Popular Entrepreneurship and Innovation?

文 / 车明阳

【摘 要】

在消费升级和体验经济爆发的当下，乡村旅游成为城乡二元互动、乡村供给侧改革和一二三产融合发展的热点和突破口。然而，乡村旅游也面临着同质化严重、多方利益难以平衡、自我更新能力差等诸多问题。追本溯源，这与当下乡村发展建设中存在的文化自信不强、利益相关方综合参与和互动设计不足、乡村发展体系过于封闭等有直接关系。笔者基于对参与式设计、共同创造、设计思维等推动众创实效性概念的综合探究和实践应用，提出以调动利益相关方共同参与乡村旅游共创，通过识别问题、共同创造、推动落地的乡村众创营，是一种通过人人参与的乡建带动乡村旅游升级的方法。并且根据笔者在中国历史文化名村培田和其他不同类型村庄两年多的实践，对这一方法进行分享。

【关键词】

乡村旅游；乡村众创营；乡土文化；乡村产业规划

【作者简介】

车明阳　耕心乡村众创CEO

每当你发现自己和大多数人站在一边，你就该停下来反思一下。

——马克·吐温

这句话也适用于如火如荼的乡村旅游，当大家争相开民宿、建漂流基地、搞露营、辟烧烤营地……的时候，更应该思考，我们有什么独特的竞争优势？我们如何多方协同最有效地推进？我们如何能保持持续更新的生命活力？这些问题，在人才、资源、资金相对匮乏的乡村，似乎无解。然而，在众创和互联网时代，是否能给我们带来一些新鲜的思路来突破这一难题？

1 乡村旅游的困局与迷思

有一本儿童绘本叫《这片草地真美丽》，一群城市人发现了一片美丽的草地，被它的美景深深吸引，立马搬了过去。然而，按照城市人的想法和习惯，慢慢把草地变成了另外一个工业化城市。

美丽乡村、特色小镇、田园综合体……乡村产业升级和一二三产融合发展已经成为乡村发展的必由之路，而乡村旅游，更是带动人流和社会关注度，推动跨越式发展和产业延展的有效起点。

但是，如火如荼的乡村旅游却也面临着诸多问题，甚至陷入“这片草地真美丽”的困窘，其中有三点较为突出的现象：

（1）同质化严重。乡村品牌挖掘不足，产品和体验不够丰富且深度不足，一个乡村旅游规划或策划搬到哪个村儿都可以用。

（2）多方利益难以平衡。政府、投资者、村民、外部经营者多方力量协同度不高，资源不能有效整合，增加了各方的开发和管理成本。

（3）自我更新能力差，长期吸引力不足。与城市消费者的买卖关系，让乡村的人情和社区感淡化，以流程化的体验追求客流量的增长，不断消耗乡村的环境、安宁和资源，让乡村的长期吸引力不足。

在这些通病下，则潜藏着更加深层的原因：

（1）文化自信不足。每一个乡村经过不同的历史发展过程，均有独特的气质、文化和特点，也就是基于文化内核的乡村灵魂。乡村旅游的资源，无法与名山大川作比，很难成为某方面的“第一”，于是通过对“灵魂”的挖掘和演绎做到“唯一”就变得相当重要。然而，现在大部分乡村旅游不是先向内寻求，找到自己的“灵魂”，而是单纯向外寻求，东村做了漂流，我们也来一个，西村做了咖啡，我们也造一个。学来学去，却丢失了自己。

（2）对乡村旅游各参与方的价值、角色和不可替代性认识不足，缺乏平等高效的互动方式。乡村旅游这盘棋，政府、村民、外来经营者、资本每一个力量都不可缺，然而每个力量都不可过于强势，需要实现平衡。政府大包大揽，项目可能因不符合市场规律，而缺乏长久竞争力。开发商强势介入，村民大举迁出，搬走的文化和生活气儿，要花上更多的成本和时间营造回来。政府、村民、外来经营者、资本，都像棱角分明的砖头，有着自己的体制、机制和目的，但却有着非常一致的终极目标——经济和社区发展，几个相关方急需有效的互动，形成更高效的协同。

（3）乡村旅游未能充分打开城乡二元互动，系统过于封闭。乡村旅游的开发主体是唱戏的还是搭台的？我的判断应该是后者。原因是，乡村的资源禀赋有限，基于对投资回报率的考量，乡村旅游应该做低额投资。在人才、资源、资金相对紧缺的情况下，要与迪士尼、城市网红咖啡馆等休闲业态抢夺城市消费者的空闲时间，自己唱戏，只能落入低价、低品质、后劲不足的怪圈。然而，打开乡村资源，搭建共享平台，引入需要乡村自然、空间等资源的社群，进行互动、共创和融合，却可以为乡村持续带入新鲜的内容，并逐步强化社区概念。

由此看来，破题乡村旅游的一个核心命题是：在资金、人才、资源紧张的情况下，我们如何能够打造一种切实有效的方法，帮助乡村挖掘基于文化内核的唯一品牌；推动各方力量有效互动形成协同；并敞开乡村资源引入城市社群，不断产生强化乡村品牌的新内容，我国强化乡村的社区感和生活气。

2 破题尝试——乡村众创营

对如上问题的解法，很容易让我们想到台湾的社区营造。台湾社区营造蓬勃发展于20世纪90年代，在台湾的成功实践，启发了大批大陆乡村领域探索者。但由于台湾的文化、社会基础，及台湾社区营造快速发展背后政府对基层社会发展的政治诉求，与大陆有诸多不同，一线的实操者会发现，在大陆照搬台湾的社区营造经验非常困难。

然而追本溯源，台湾社区营造

同属于参与式设计和共同创造的概念。参与式设计和共同创造来自于从欧洲和北美缘起的后设计时代思潮，从“为用户设计”延伸到“与用户共同设计”。它是一套方法，更是一套信仰和心态，相信所有相关方，经过合理的引导，能够为设计过程提供新鲜的思路和创意。以斯坦福大学为首的诸多设计和创新领域专家，在20世纪90年代左右，提出设计思维的概念、流程和工具，来加速这一协作流程。而同期，也有诸多顶尖商学院教授在《哈佛商业评论》等权威期刊发表共同创造将成为未来企业核心竞争力方面的文章。

走过将近二十个年头，时至今日，共同创造对于中国人来讲并不陌生。小米手机，通过调动米粉参与产品研发和测试，加快了产品开发速率，突破了产品创新，而且让米粉通过参与获得归属感，让产品获得更快的传播。而鲜为中国大众所知的是，共同创造在国际上已经被广泛应用到社会创新和商业创新的诸多领域，尤其在产品体验方面创新维度。这些共同创造工作通过低成本高效率的短期营会形式，针对不同主题，通过专业的活动策划和引导，带领各界人士和专业技能者走过创意流程，产生了丰富的成果。现在世界著名的共同创造营会黑客松(Hackathon)、全球服务创新营(Global Service Jam)、开放IDEO(Open IDEO)、校园派对(Campus Party)是成功的案例。

我们把这种形式引入乡村旅游升级和创新中，解决我们的前设命题。乡村众创营，是通过“营会”聚集乡村旅游的相关资源和人才，引导乡村相关方和外部专业者深度融入乡村，共同感知和理解本土文化和资源，共创独具本土创意的方案；通过平等开放的交流，达成更好的理解和协同，并在营会结束后，形成众创社群，与乡村形成长期互动，既满足城市社群对乡村的需求，也通过众创的力量实现乡村的持续更新。

乡村众创营的时长不限，它甚至可以成为一种工作方法，贯穿于乡村旅游工作的始终，根据斯坦福设计思维流程和一线实践，我们将其改良为如下五个步骤，五个步骤依照实际情况和操作者的经验，可以循环往复和非线性进行：

(1) 共情村庄。引导参与者沉浸于村庄的生活方式和文化氛围，作为灵感和创意的基础；基于村庄调研框架和基础信息，集群体力量，通过观察、访谈等方法，针对焦点问题进行村庄扫描，调研关键人群，了解资源禀赋和需求；并聚焦相应的城市社群，进行深度的需求分析。

(2) 共识问题。整合参与者对村庄、村民和城市群体的发现，在诸多的问题中，定义关键性问题。

(3) 共创点子。通过气氛热烈、心态敞开的头脑风暴，融合城市与乡村、先进与传统、外来与本地，获得创新的跨界解决方案。

(4) 共测方案。确定方案的关键要点，在营会通过最迅速简单的方法进行测试，通过获得反馈进一步了解相关方的诉求，并及时进行调整。

(5) 共启行动。提供必要的人才和资源支持，推动方案的落地；形成众创社群，邀请众创社群长期参与乡村发展，并共享乡村资源，形成城乡众创社区。

3 乡村众创营的初步实践

在乡村众创营的实践中，我们先后选择不同类型的村庄，针对不同的主题，对不同的参与主体进行测试，均产生了不错的效果。

3.1 “乡土与世界”培田乡村众创营

培田村乡村众创营中的一期以“乡土与世界”为主题，借助美国沃顿商学院学生来培田进行志愿咨询的契机，召集教育、创业创新、乡村开发建设和社区营造等多个领域的专业人士，共创古村生活的世界影响力，探索传统村落作为中国文化名片，对外国游客和在华外国人的吸引力。在共情村庄结束后，团队基于培田热情好客的氛围、深厚鲜活的客家文化和保存完整的建筑艺术，锁定大学艺术设计类体验教育、数字游民、心灵旅客及具有社会公益心的国际化公司的团建四个维度，提出了超越传统旅游，独具创意的设想(图1)。

公司团建组发现，国际化创业创新团队来到乡村的意义不止于传统的团建，而是通过用自身所长参与社会创新项目，从而成为很好的市场营销方法。同时，打造“边享受生活边赚钱”的生活方式对潜在员工是很大的吸引，而乡村的文化和自然资源，又可以成为很多公司的营销素材或项目测试资源。他们最后锁定了具备国际化背景的众创空间或孵化器对接的团队，为实现增

图1 培田乡村众创营　　图片来源：视觉中国

图2 学生快速融入社区，与村民建立互动　　图片来源：启行营地教育提供

进众创空间创业团队内和团队间的互动和协作，并产生具有社会价值的乡村体验，公司团建组设计了一个线上信息匹配平台，将村庄的专业需求发布，与众创空间进行对接，并设计了竹子单车制作、房屋改造设计等项目雏形。

大学体验教育组，锁定帮助艺术学生在培田获得项目灵感，并落地有社会价值的项目的问题，设计了记录村民特长和村庄发展需求的信息系统和呈现方法，并通过与村民吴来星老人的共创，模拟基于培田方言文化的艺术学生创作流程。

这些原型都深度挖掘了传统村落的资源禀赋，作为中国对外的名片，关注了村落本身的发展需求，并且突破传统旅游模式，将教育、学习、提升等多重功能，植入具体的体验和产品设计中。

3.2 135 个少年温暖一个城郊村

言里村，是江苏常熟的一个城郊工厂村，它不是一个旅游目的地，而在此的众创营实践，向我们展示了青少年的力量和社区更新的魅力。

言里村众创营是一个社会创新教育项目，参与的主体是来自 20 多个国家的 135 个青少年。刚开始，我们都担心这些家庭背景优越的学生，来到这个脏乱的村庄，是否会有抵触情绪。但是，社区对人有着天然的吸引力，刚入村的时候，135 个学生通过广场舞快速融入社区，和村民打成了一片，一个互相很少互动的工厂村顿时沸腾了（图 2）。接下来几天，孩子与村民建立了紧密的互动和深厚的感情，这种情感联结不但给了孩子们创造的热情，也让他们有了独特的洞察力。

项目进行了三天半，在40多度的高温环境中，孩子们持续往返于学校和村庄，在边学习设计思维边进行项目创造的过程中，最终产生了12个解决社区问题的创新方案，并且最终都通过村民的体验和互动，获得了有益的反馈（图3）。言里村作为一个工厂村，密密麻麻的厂房挤占了公共空间，工人的孩子们大部分时间缩在工厂的角落里打游戏，缺乏互动和有益的社区活动空间。一个项目团队通过设计钉在村民家外墙小巧的鸟巢书屋，创造了社区孩子们互动和学习的空间，并且通过建设网站和社交媒体平台，向外界募集图书（图4）。

这个乡村众创营让我们看到，城乡之间的深度联结，对于转化城市人的身份和参与乡村方式的作用，同时在众创营的氛围中，很多创意和能量可以被出乎意料地瞬间激发，小小年龄的初高中孩子，可以用很短的时间创造无限的可能。

图3 学生现场调研 **图片来源：启行营地教育提供**

READ China
悦讀中國

图4 通过网站募集图书 **图片来源：启行营地教育提供**

3.3 好汉邦，武莲塘——众创出来的乡村产业规划

厦门市莲塘村乡村众创营是受厦门翔安区共青团邀请举办的，参与者是全区的创业创新青年，他们的专业方向与乡创或多或少相关。经过两天半的众创营，团队从民宿、体验、农产品、社区发展、双创支持五个维度，展开了共创，最后把每组的创意整合起来，就是一份可操作的莲塘村产业发展策划案。

莲塘村素有习武的传统，本地的武术叫做“宋江阵”，经过第一步共情村庄，所有团队纷纷指向水浒文化IP和武术精神作为莲塘的核心灵魂，于是产生了“好汉邦，武莲塘”的品牌标语。以此为基础，设计了“上梁山”乡村游体验和水浒主题民宿等一系列产品和体验方案。在众创营之前，这些青年本不清楚自己能如何参与乡村发展，通过众创营贡献的点子，测试了方案后，大家燃起了参与乡创的热情。

乡村众创营的流程也是一套实用的乡村旅游内容开发管理方法，通过长期的积累，让乡村的旅游体验和社区状态都与众不同，解决了品牌独特性、多方协同性和自我更新力的多重问题。

我们在培田两年的探索和尝试，不断印证着通过乡村众创营推动城乡共创的潜力。由香港大学建筑系的师生与培田木工团队共同设计建造的廊桥，就是一个典型（图5）。通过对社区使用需求、游客观览需求、当地建筑技艺等多方面的沉浸感知和调研，港大的师生与木工团队将东方与西方、传统与现代、古法与科技相结合所设计的廊桥，作为全球13个项目之一入选世界知名建筑大奖——伦敦博物馆Beazley建筑大奖。而港大师生从此开展了

图5 香港大学学生参与建造的培田廊桥 图片来源：香港大学建筑系提供

图6 培田春耕节 大龙/摄

对培田建筑技艺的传习与创新的持续参与和互动，不断地带入项目和内容。

另外一个案例是培田春耕节。春耕是农耕社会的重要日子，而在当今却被渐渐遗忘。我们与政府、村庄、外部机构共同基于春耕节的文化精髓——耕读文化，定位城市亲子客群，通过若干个众创会议，糅合乡土文化内容和当代体验设计手法，策划出培田春耕节，调动了政府、村民、社会三方面力量共同打造。“春耕节”也荣登2017年福建省30个创意旅游产品之一（图6）。

4 结语

经过两年的深耕，在乡村众创营和城乡共创思路的引导下，培田被评为第三批“国家乡村旅游创客示范基地”和省级众创空间。乡村众创营，不但是一个可操作可落地的营会，更代表着“大众创业，万众创新”时代下，乡村发展的一种新的信仰、态度和方法。乡村将成为城乡众创共享的美好生活社区，无论来自城市还是乡村，“非新无以为进，非旧无以为守”，破解乡村旅游困局的力量，在每一个热爱生活的城市人和农村人手中。

参考文献

[1]黄震方，陆林，苏勤，等. 新型城镇化背景下的乡村旅游发展——理论反思与困境突破[J]. 地理研究，2015，34(8)：1409 - 1421.

[2]陈亮全. 近年台湾社区营造之展开[J]. 住宅学报，2000，9(1)：61 - 67.

[3]Prahalad，C. K. . Ramaswamy，V. Co-Opting Customer Competence[J]. Harvard Business Review，2000，25 (1).

第四届中国古村镇大会

选址办法

大会概要

中国古村镇大会创办于2015年，迄今已成功举办三届，是国内迄今为止唯一一个超部门、多学科、跨行业的开放性古村镇领航大会。大会以公益开放的心态，整合国内外高端思想资源，联合全国关心古村、文化传承和乡村发展的社会各界人士，增强社会爱护古村的意识，积极探索路径让古村更好地传承发展下去，以期探索有益于古村保护和可持续经营的发展道路，缔造国内顶尖的新锐思想圈，成就中国古村保护活化民间最权威、最具影响力的智力机构和合作平台。

选址目的

古村镇大会选址目的是建立一个为中国传统村落和古村重要事务对话的公共平台。会址选定以市（县）为单位，在与会各方交流、合作，并就大会主题、事务达成初步共识的同时，寻求与会址间的共赢发展。

古村镇大会的举办将推进会址所在地包括乡村旅游、投融资、产业建设与整合、形象推广在内的多方面共同发展，为产业生态圈及乡村建设提供有利契机：

快速提高村镇知名度。筹办大会，可在项目建设初、中期迅速提升项目所在地的知名度。

大力推进重点项目建设。可以促使会址所在地古村保护、村镇活化、乡村旅游、创业创新等重点项目建设力度。

整体提高干部群众观念。大会通过“请进来”各方嘉宾和代表的方式，改变干部群众的思想观念，理清工作思路。

全方位引入智力资源。以需求和问题为导向，通过引入活动的演讲嘉宾资源，为乡村建设与治理、产业发展与规划等出谋划策，寻求解决方案。

促进项目合作与落地。搭建会址所在地与论坛专家资源库之间的综合服务平台，优先促进乡村项目与专家资源库的合作与落地，最终实现多赢局面。

选址条件

古村镇大会年度会址选择范围原则上限定于传统村落或古村落分布较多的区域。

（一）该区域具备鲜明的村落地域文化特点（较多的古村落、实践较好的村落案例等）。

（二）无偿提供可容纳至少800人的会议场所，以及食宿接待基本服务。

（三）为大会提供基本筹备费用。经费开支预算为：演讲嘉宾差旅及授课费；宣传筹备经费（会前、中、后期各大媒体平台宣传费；会期媒体参会差旅及劳务费；现场速记及摄影等媒介服务费）；品牌使用费（含会议资料编辑制作、论坛筹备人员薪酬和办公经费、筹备前期差旅费等）。

（四）负责新闻发布会（北京）的筹备及经费保障。

（五）会址所在地政府对于古村镇大会的举办给予政策认可和支持，并于当地及周边政府机构予以宣传推荐。

（六）会址所在地应具备较有特色的产业体系及开放、包容的投资环境。

会址选定

采取“业界推荐、实地考察、综合评审”的方式确定下年度会址所在地。其中：

业界推荐

由大会主席团专家委员会推荐拟选会址，会址所在地也可自荐。

实地考察

由组委会主席或执行主席、秘书长及其他有关负责人实地考察拟选会址。

综合评审

考察结果呈报大会主席团，广泛征求意见，确定合作意向，签署合作协议。

联系方式

大会秘书处：中国 · 深圳 · 坂田五和大道南2号万科星火Online 7-238

7-238,Vanke Spark Online,NO.2 Wuhe South Road,Bantian Street,Longgang District,Shenzhen,Guangdong,PRC

Tel：0755-28895149　WeChat：gucunhui　www.gucundahui.com

大会官方二维码

在叙 Zai Xu

扫一扫，叙一叙

在叙，一款时尚有态度的岩茶

在叙，即刻在叙，再续情谊，正如茶树的生长也是永续的、代代相传的。分为“约你”“约泡”“约见”三个系列，无论“约你”“约泡”还是“约见”，简单纯粹就好。从什么时候开始，大家开始习惯了忙个不停，习惯了客套地说“等有空”“等下次”“改天”，年轻人想做即刻行动，不等下次。在叙从情感的洞察出发，提出“即刻在叙”概念，即刻来约，情感再续，以“自然生态”为生产基础，以“简单纯粹”为品牌理念，确保“健康纯粹”的品牌品质，提倡“纯粹”的生活态度，不仅维持武夷岩茶本身作为传统文化的象征，更成为当代人的一种生活态度，成为一款时尚、有态度的岩茶。

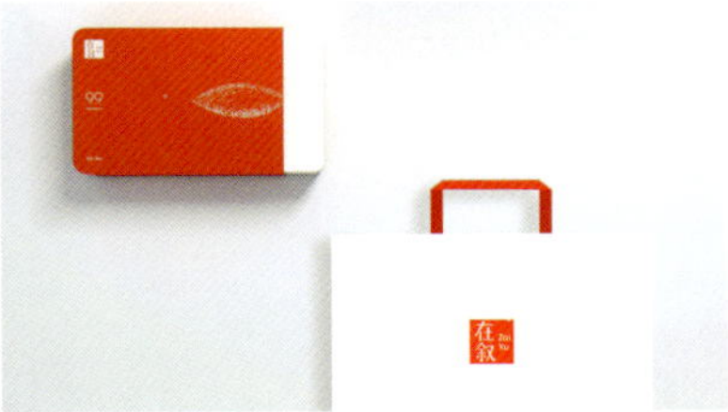

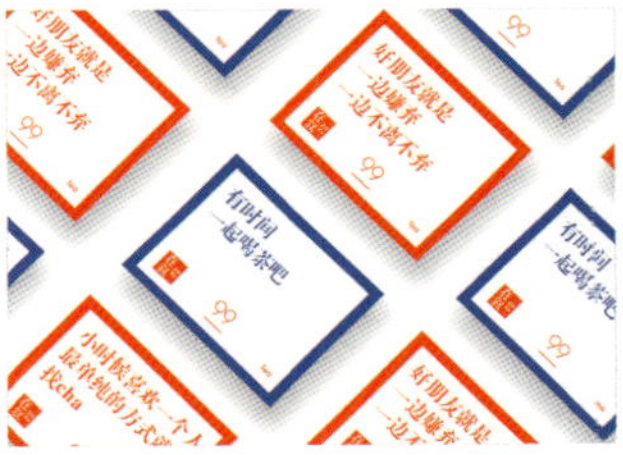

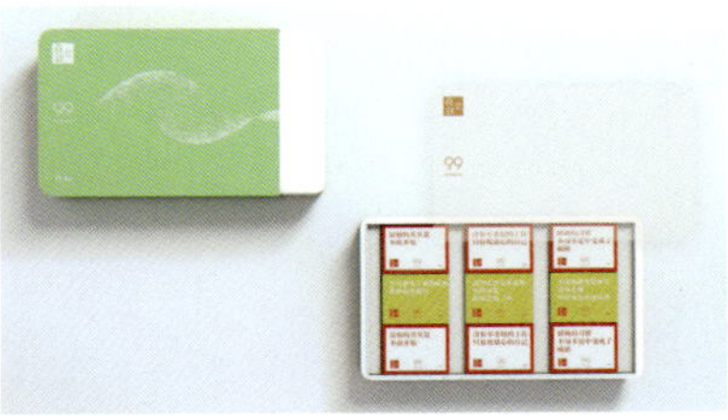

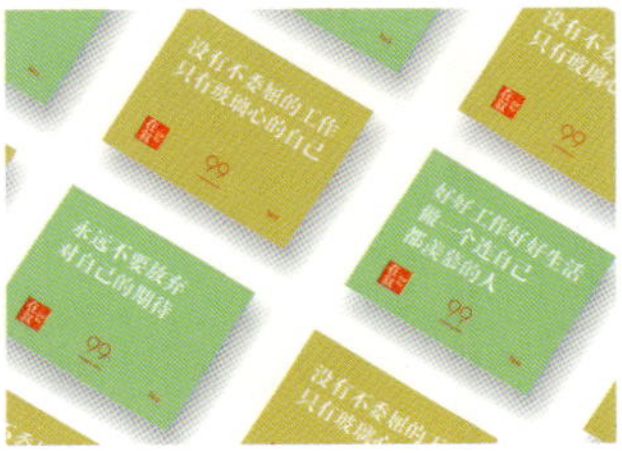

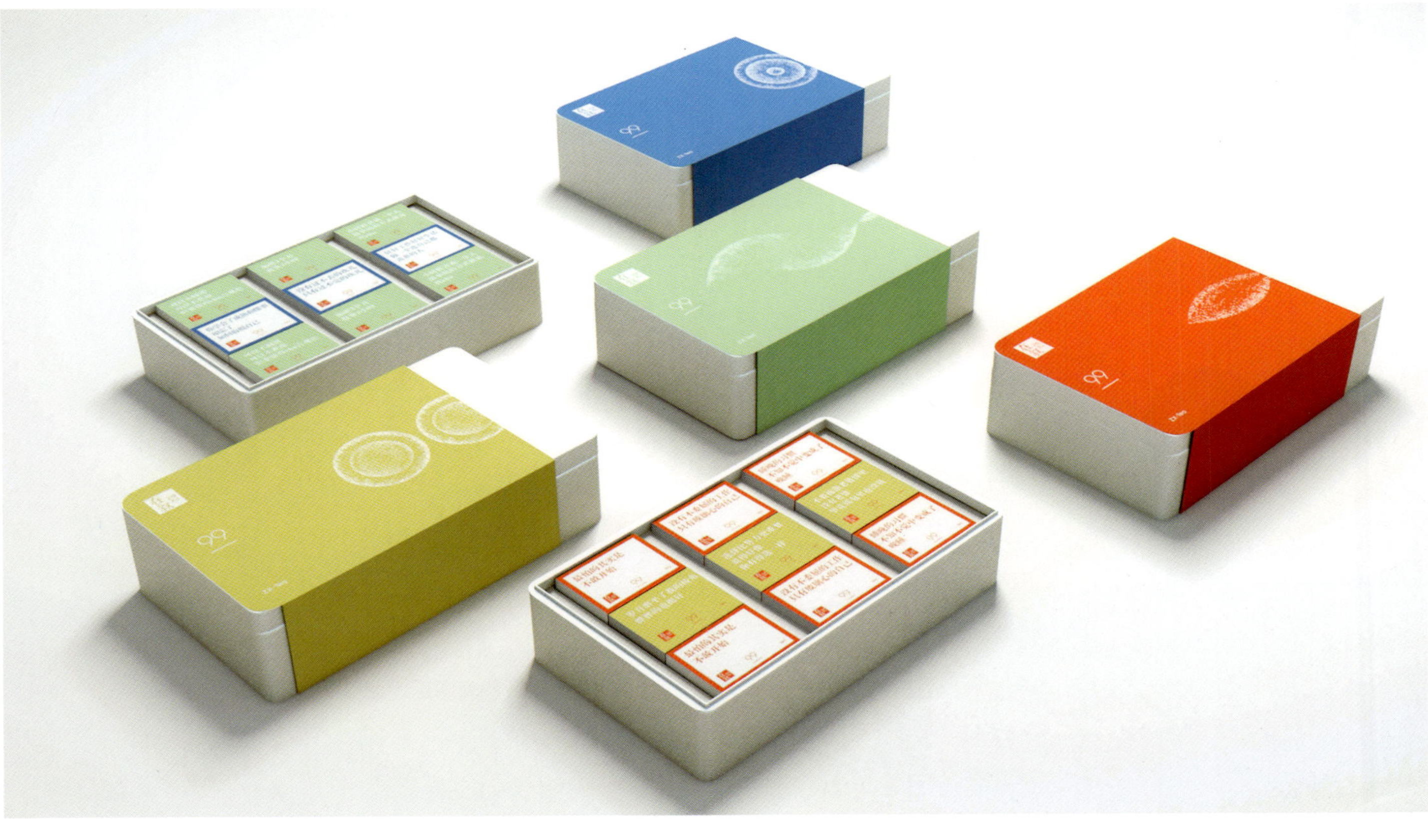

山石草木（武夷山）茶业有限公司　地址：武夷山市浆溪村吴三地